书山有路勤为径,优质资源伴你行
注册世纪波学院会员,享精品图书增值服务

科学成长系列丛书

华为风险管理

卞志汉　廖杰熙　著

电子工业出版社
Publishing House of Electronics Industry
北京·BEIJING

内 容 简 介

风险，犹如高悬的"达摩克利斯之剑"，时刻威胁着企业的生存，"安而不忘危，存而不忘亡，治而不忘乱"。本书以华为公司风险管理实践为主线，贯穿华为30余年发展史，学习华为，但又跳出华为，讲解了一套实用的风险管理框架和工具，为不同发展阶段的企业建立风险管理文化，内嵌风险管理运作机制，有效管理各类风险提供参考与指导，帮助企业行稳致远。

未经许可，不得以任何方式复制或抄袭本书之部分或全部内容。
版权所有，侵权必究。

图书在版编目（CIP）数据

华为风险管理 / 卞志汉，廖杰熙著. —北京：电子工业出版社，2022.9
（科学成长系列丛书）
ISBN 978-7-121-44120-2

Ⅰ. ①华… Ⅱ. ①卞… ②廖… Ⅲ. ①通信企业－企业管理－风险管理－研究－深圳 Ⅳ. ①F632.765.3

中国版本图书馆CIP数据核字（2022）第144238号

责任编辑：刘淑丽
印　　刷：北京天宇星印刷厂
装　　订：北京天宇星印刷厂
出版发行：电子工业出版社
　　　　　北京市海淀区万寿路173信箱　　邮编100036
开　　本：720×1000　1/16　印张：13　字数：211千字
版　　次：2022年 9 月第1版
印　　次：2024年12月第 10 次印刷
定　　价：66.00元

凡所购买电子工业出版社图书有缺损问题，请向购买书店调换。若书店售缺，请与本社发行部联系，联系及邮购电话：（010）88254888，88258888。
质量投诉请发邮件至zlts@phei.com.cn，盗版侵权举报请发邮件至dbqq@phei.com.cn。
本书咨询联系方式：（010）88254182，liusl@phei.com.cn。

推荐序一

当前，经济形势异常复杂严峻，在疫情反复、俄乌战争、贸易保护与全球规则重构等多重因素共同作用下，中国企业的生存和发展面临前所未有的巨大挑战，尤其是受疫情冲击严重的中小企业，可以说到了命悬一线、性命攸关的关键时刻。有的企业已经在这场寒冬中无声倒下；有的企业仍在艰难地坚持，等待黎明的到来；还有的企业主动作为，寻找转型机会，争取"多打粮食"，也苦练内功，提升风险管理能力。

如何理解风险管理？我认为，对于中国企业而言，首先，要将风险管理上升到决定企业持续生存和发展的战略要素与经营者思维层面上去认知、构建，它可以帮助企业科学经营，审慎决策，提升持续生存能力；其次，它也是一套管理体系，可以帮助企业构建系统、动态的管理机制，守护企业价值；最后，它还是一系列方法和工具，帮助企业识别风险、监测风险，未雨绸缪，应对危机。

在不确定的复杂新时代，"黑天鹅"乱飞，"灰犀牛"频现，恐怕将是企业生存和发展面临的新常态。我们相信风平浪静会有时，但更要做好迎风站立的准备。

华为30余年的发展历程，从弱不禁风到世界瞩目，从县域业务到全球布局，经历过顺风顺水，也遭遇过"狂风骤雨"，甚至"雷电冰雹"，可华为非但没有被打趴下，反而更加强大，其风险管理能力和经验值得我们深入研究和认真学习。

《华为风险管理》一书系统介绍了华为风险管理理念、原则、框架、运行机制、方法和工具，并针对华为的战略风险、当地国家风险、合规风险、财务风险、信用风险、业务连续性风险等进行重点分析，同时引入其他公司的良好实践，把风险管理的视野放到更广阔的空间。

我相信运用本书能够开启企业管理层对风险管理的认知；体会成功企业家如何与风险相处，在不确定中发现机会；用风险管理的思维方式，做出正确的判断和科学的决策；帮助企业识别风险、评估风险、应对风险、监测风险，远离风险带来的恐惧。

风险需要敬畏，但不必惧怕，面对高度不确定的内外部环境，企业要学会与风险共舞，做到心中有数，筑牢风险防线。

助力企业穿越周期、守护价值，正是风险管理的初心所在。

彭剑锋
中国人民大学教授、博导
华夏基石管理咨询集团董事长

推荐序二

华为是一家值得尊敬和学习的企业，历经30余年发展，从名不见经传的设备代理商成长为具有全球影响力的科技巨头。

任正非曾讲："十年来我天天思考的都是失败，对成功视而不见，也没有什么荣誉感、自豪感，而是危机感。"正是这种危机感，让华为从风险管理"小白"成了风险管理和内部控制领域的标杆企业。探求和学习华为的成功之道，"华为风险管理"是必修课。

本书全面系统地回答了如下问题：

- 华为在成长过程中遇到过哪些危机？如何化解危机？
- 华为如何理解风险？风险管理的原则是什么？
- 华为当前的重大风险有哪些？
- 华为风险管理框架涵盖哪些要素？华为如何开展风险识别、评估、应对和监测？
- 风险管理三层防线如何分工？各有什么职责？
- 华为的子公司董事会和监管重装旅如何发挥监督作用？秉承的监管理念是什么？
- 风险管理与内部控制如何衔接？

本书对华为战略风险、当地国家风险、合规风险、财务风险、信用风险和业务连续性风险管理方法的梳理总结，既有高度，又有细节，对于不同类型企业防范风险具有重要的借鉴意义。

承蒙作者相邀，我在阅读本书过程中能深切感受到作者一以贯之的"风险管理应从企业整体利益出发，管业务必须管风险"的理念，对此深感认同、深受启发。

实施风险管理就是为了在复杂的内外部环境中，持续管理各类风险，以规则的确定性应对环境的不确定性，力求业务增长和风险之间的最优平衡，做好价值守护，保障公司持续健康发展。

作者提示广大管理者，在企业发展过程中，不出险当然是好事，但不能单纯以"是否出险"为标准，来判断风险管理做的好与不好。如果单纯以结果为导向，可能会打击风险管理工作的积极性，会导致为了片面追求零风险，扼制业务创新和市场拓展。

风险管理应以管理过程为导向，看过程中风险管理的必选动作是否到位了，例如：是否明确了风险管理的组织架构和责任机制；是否对企业面临的风险进行了识别评估，根据风险的特点制定了应对方案；是否对风险开展监测，并报告现状；是否建立了内部控制体系，形成了科学的决策机制、授权体系、制度体系，管理有制衡，执行有依据。

相信本书能够帮助企业管理层重塑风险管理理念、构建风险管理框架、践行风险管理方法；相信作者对华为风险管理的深刻洞察，能为你的企业打造坚实的"护城河"。

郑路

清华大学社会学系副系主任

清华大学社科学院社会与金融研究中心主任

前言

2020年年初，新型冠状病毒肺炎疫情突然暴发，两年多过去了，病毒多次变异，全球范围内疫情依旧肆虐。这只赖着不走的"黑天鹅"提醒我们，尽管自工业革命以来，在科学技术上人类已经取得了巨大进步，能登陆火星、潜入深海，也能控制核聚变、完成基因重组，但人类依旧无法预知未来，无法消除风险。

正如彼得·伯恩斯坦在其著作《与天为敌：一部人类风险探索史》中所言："人类认识风险的历史几乎与人类的文明一样久远。"人类要生存下去，必须适应这个充满未知和不确定性的世界。

2021年第三季度以来，国际大宗商品价格持续上涨，国内能源、原材料供给偏紧，导致国内工业产品和居民消费品价格在多重因素叠加作用下涨幅较大，经济恢复动能不足，高周转、高杠杆的房地产行业更是"雷声阵阵"，中国经济显现滞胀风险。

放眼全球，国际环境日趋复杂，全球治理体系面临新的挑战，世界进入动荡期，国际经济、科技、安全、政治等格局正在深刻调整，外部风险形势更加严峻。

因此，我们要深刻认识到，当前和今后一个时期是我国各类矛盾和风险易发期，防范及化解各类重大风险已然成为社会治理的重要任务之一。

企业作为社会经济系统的重要组成部分，同样面临政策、市场、金融、安全等方面的风险。如何加强战略预判和风险预警，如何抓住要害、提高风险化解能力，如何构筑全面风险防控体系，是企业管理层必须思考的问题，也是风险管理人员的应尽之责。

谈风险管理，总是让人想到诸多失败企业的案例：巴林银行因衍生品交易失控而倒闭；美国能源巨头安然公司因做假账被处以"极刑"；德国大众汽车集团因"排放门"丑闻被罚巨款；中兴通讯股份有限公司因贸易合规问题被美国"长臂管辖"；海航集团有限公司因多元化战略被拖入重组，等等，这个清单可以列得很长。

在扼腕叹息之时，我们也在思考：

- 是什么土壤滋生了风险事件？
- 风险苗头为何没有被及时发现？企业为何没能及时采取应对措施？
- 是否有一套具有普适性的风险管理方法能让企业稳健发展？
- 如何才能使风险控制与业务发展相协调？

为了回答这些问题，我们需要再认识风险。

从社会学角度，清华大学薛澜教授认为，风险具有以下三个特征：

- 风险的内生性。现代社会的每个进步都同时给我们带来了新的风险。例如，汽车的发明使人们的出行更加快捷与便利，但也带来了交通事故的风险。
- 风险的泛在性。风险不仅仅存在于金融领域（各种投资风险）、技术领域（新兴技术带来的风险），也存在于社会领域和我们生活的方方面面（健康风险等）。
- 风险的系统性。各种风险之间存在内在联系（如公共卫生风险与经济衰退风险之间的联系）。

企业面临的风险非常广泛，包括战略风险、市场风险、信用风险、舞弊风险、舆情风险、投资风险、资金风险、合规风险、业务连续性风险、知识产权风险等。风险之间会相互"传染"，稍有不慎，就会给企业当头一棒。

前言

风险管理是让企业各层级、各职能、各业务单元具备识别风险、评估风险、应对风险、监测风险的能力，并且在企业文化中渗入风险意识，摸排风险隐患，用大概率思维应对小概率事件，力争把风险化解在源头，防止各种风险传导、叠加、演变、升级。

风险管理是实践类学科，不能空有理论、纸上谈兵，一定要结合企业的管理实践才能落地生根。本书两位作者在风险管理领域工作多年，一直希望能结合一家企业的发展历程，以全面风险管理的视角，系统地阐述风险是什么，风险怎么管理，以及风险管理如何融入企业管理体系。尽管金融型企业是风险管理的最早实践者，其方法论成熟、经验丰富，但对贸易型、制造型、服务型企业而言，借鉴性不强。

历数具有代表性的知名企业，作者最终选择华为技术有限公司（以下简称华为）作为研究对象，因为华为具备以下特征：

- 生于草根。
- 历经困境。
- 善于总结。
- 业绩出色。

正如华为主要创始人任正非所言，华为既没有任何背景，也没有任何资源，华为除了拥有自己，其他一无所有。

华为的发展史也可看作企业风险管理实践史的缩影。从1987年创立开始，华为就一直与各类风险做斗争，如知识产权风险、合规风险、信用风险等，在摸索中形成了完善的管理机制，有效应对了多次危机。

从2019年开始，在美国及其盟友的围追堵截下，华为又遭遇了前所未有的困难。一方面，技术封锁，华为不仅无法采购美国企业的某些产品，也无法利用美国的某些软件或某些技术去研发、制造产品；另一方面，西方一些国家动用国家力量禁用华为5G设备。有人开始担忧，华为会不会因此倒下？未来怎样，只有时间能回答。回顾华为的成长史，我们对华为赶走"黑天鹅"，远离"灰犀牛"仍充满信心。

在华为人眼中，发展之路从来都布满荆棘，都是激流险滩，只有用智慧和坚强的意志，才能夺取胜利。正如任正非所言："我们要塑造艰苦奋斗、吃苦耐劳的灵魂，我们要做烧不死的火鸟，要成为凤凰！"

华为的企业管理是中国企业管理的标杆。从经典的《下一个倒下的会不会是华为》与"华为管理三部曲"，到众多从不同维度研究华为管理经验的专项著作，人们对华为的价值观、战略管理、工作方法、激励机制等进行了剖析和提炼。本书希望以下列问题为脉络，呈现华为在不同历史阶段开展风险管理的经验和实践：

- 华为重视风险管理的原动力是什么？
- 华为风险管理经历了哪些发展阶段？
- 华为构建了怎样的风险管理运作机制？
- 华为如何用确定性的内部控制应对风险？
- 针对重大风险，华为的管理方法是什么？

在撰写本书的过程中，作者阅读了大量与华为有关的文献、书稿，采访了曾经在华为风险条线工作的同事。此外，本书还融入了作者在华为、国际知名咨询公司、国内领先公司从事风险管理工作的感悟。

最后，诚挚感谢长期以来家人、师长、同事和朋友的支持和帮助；感谢段昌松、贺宇欢、雷程仕、索祖刚、詹祝英，你们的实践经验扩展了我们的认知边界；感谢夏卓提出了很多有价值的专业意见；感谢王志生、张启慧、徐光辉、欧阳义为本书付出的努力。

希望本书能启发业界同人对风险管理的进一步思考，帮助企业提升风险管理水平。不足之处，请读者朋友批评指导。

目 录

第1章 华为风险管理原动力 / 001

1.1 战战兢兢创业路 / 001
1.2 强烈的危机意识 / 003
1.3 友商衰落的警醒 / 005
1.4 复杂多变的环境 / 006

第2章 华为风险管理体系 / 009

2.1 华为风险管理发展阶段 / 009
　2.1.1 胆大敢闯阶段（创立—1993年） / 010
　2.1.2 启蒙摸索阶段（1994—1998年） / 011
　2.1.3 主动学习阶段（1999—2010年） / 011
　2.1.4 成熟提升阶段（2011年至今） / 012
2.2 华为对风险的理解 / 013
　2.2.1 华为对风险的定义及分类 / 013
　2.2.2 华为风险管理的目标 / 015
　2.2.3 华为风险管理的基本原则 / 015
2.3 华为风险管理框架 / 017
　2.3.1 华为风险管理框架概述 / 017
　2.3.2 华为借鉴学习的风险管理框架 / 019

第 3 章　华为风险管理要素　／ 022

3.1　基调　／ 022
  3.1.1　风险文化　／ 022
  3.1.2　风险偏好　／ 024
  3.1.3　诚信体系　／ 026

3.2　责任体系　／ 027
  3.2.1　华为风险管理的关键角色　／ 027
  3.2.2　华为风险管理的三层防线　／ 029

3.3　运作机制　／ 030

3.4　监督机制　／ 031
  3.4.1　三层防线监督　／ 031
  3.4.2　子公司董事会监督　／ 032
  3.4.3　监管重装旅监督　／ 032

第 4 章　华为风险管理运作机制　／ 036

4.1　风险识别　／ 036
  4.1.1　风险识别常用方法　／ 037
  4.1.2　华为如何开展风险识别　／ 038

4.2　风险评估　／ 040
  4.2.1　风险评估常用方法　／ 040
  4.2.2　华为如何开展风险评估　／ 043

4.3　风险应对　／ 046

4.4　风险监测　／ 048

4.5　风险报告　／ 051

4.6　风险管理运作机制成熟度标准　／ 053

4.7　IPD流程中的风险管理　／ 056
  4.7.1　IPD流程中的风险管理责任分工　／ 056
  4.7.2　IPD流程中的风险管理运作机制　／ 057

第 5 章　华为内部控制管理　／ 064

5.1　华为内部控制框架　／ 064

5.2　政策　/ 065
5.3　控制环境　/ 066
　　5.3.1　流程管理及运作　/ 066
　　5.3.2　公司核心价值观　/ 067
　　5.3.3　记录管理　/ 068
　　5.3.4　授权与职责　/ 068
　　5.3.5　商业行为准则　/ 076
　　5.3.6　员工开放式交流措施　/ 080
　　5.3.7　投诉管理　/ 080
5.4　控制工具与指标　/ 081
　　5.4.1　关键控制点设计　/ 081
　　5.4.2　遵从性测试报告　/ 082
　　5.4.3　改进建议跟踪报告　/ 088
　　5.4.4　职责分离设计　/ 088
5.5　评估　/ 092
5.6　考核与问责　/ 097
　　5.6.1　绩效评级　/ 097
　　5.6.2　问责　/ 097

第 6 章　华为重大风险管理实践　/ 100

6.1　战略风险　/ 100
　　6.1.1　华为对战略风险的理解　/ 100
　　6.1.2　华为战略风险管理方法　/ 103
　　延伸阅读　左晖的战略选择：坚持做难而正确的事　/ 114
6.2　当地国家风险　/ 117
　　6.2.1　华为对当地国家风险的理解　/ 117
　　6.2.2　华为当地国家风险管理方法　/ 118
　　延伸阅读　星巴克如何应对全球化运营风险　/ 121
6.3　合规风险　/ 125
　　6.3.1　华为对合规风险的理解　/ 125
　　6.3.2　华为合规风险管理方法　/ 127

延伸阅读　企业合规不起诉制度及案例　/ 135
6.4　财务风险　/ 138
　　6.4.1　华为对财务风险的理解　/ 138
　　6.4.2　华为财务风险管理方法　/ 139
　　延伸阅读　日本企业长寿的奥秘——稳健的现金流管理　/ 151
6.5　信用风险　/ 152
　　6.5.1　华为对信用风险的理解　/ 152
　　6.5.2　华为信用风险管理方法　/ 153
　　延伸阅读　别让赊销欠款成了压垮企业的"最后一根稻草"／177
6.6　业务连续性风险　/ 179
　　6.6.1　华为对业务连续性风险的理解　/ 179
　　6.6.2　华为业务连续性风险管理方法　/ 180
　　延伸阅读　"三步法"应对突发事件，确保企业持续经营　/ 185

参考文献　/ 191

第1章

华为风险管理原动力

十年来，我天天思考的都是失败，对成功视而不见，也没有什么荣誉感、自豪感，而是危机感。也许是这样才存活了十年。我们大家要一起来想，怎样才能活下去，也许才能存活得久一些。失败这一天是一定会到来的，大家要准备迎接，这是我从不动摇的看法，这是历史规律。[1]

——任正非

1.1 战战兢兢创业路

看到华为今日的成就，或许有人认为它是含着"金汤匙"出生的企业。

实际上，任正非在老东家工作不顺，被迫离职，在市场经济浪潮的推动下走上创业道路，才有了华为的诞生。创立"华为"寓意"中华有为"，尽管立意高远，大有鸿鹄之志，但并没有什么"金汤匙"：创立资金是任正非游说几个朋友凑的，一共21 000元；经营地是深圳南油新村的一幢居民楼；主营业务是商品贸易，当时略带贬义的说法就是"二道贩子"，也没有特许经营权，能拿到什么产品就卖什么。

深圳毗邻经济发达的香港，又是市场经济政策的试验区，当时在深圳成立贸

---

1 任正非. 华为的冬天. 2001.

易公司还是不错的选择，只要有闯劲、能吃苦，活下来并不难。做贸易，最重要的是看准市场缺什么，找到货源，如果上游能给账期、下游款到发货，就是"躺着赚钱的买卖"。任正非也确实遇到了"贵人"。一位邮电系统的老朋友告诉任正非，信息通信设备行业大有可为。20世纪80年代，普通工薪阶层的月收入只有几十元。动辄数千元初装费的电话绝对是奢侈品，而在发达国家，电话早已走进寻常家庭。人们渴望便利通信的需求一定会催生千亿级的市场。

在老朋友的帮助下，华为拿到了香港鸿年公司程控交换机的代理权。华为开始的日子还不错，但也时常苦恼：销路不畅时，库存压力大，愁；市场行情好，又拿不到货，还是愁。20世纪80年代末，国际环境发生变化，华为几乎无货可卖，华为人似乎只能散伙，各走各路。

任正非并不甘心，还想拼一把。他认为，必须把货权掌握在自己手里，最稳妥的方式就是自己研发、自己生产，实现自主可控。虽然任正非是工程兵出身，还作为代表出席全国科学技术大会，但隔行如隔山，带领一帮刚毕业的学生研发通信设备，其困难可想而知。但任正非知道，如果不孤注一掷，华为不仅无法实现"中华有为"的梦想，而且很快会被市场化浪潮"拍在礁石上"。

凭借绝不回头的毅力和广纳英才的魄力，华为自主研发小型用户交换机BH03，获得了初步成功。因此，大家都很兴奋，乘胜追击：从100门、500门到1 000门。1992年，任正非决定采用模拟技术开发局用交换机，要把产品卖给邮电局。岂料数字交换技术发展太快了，华为使出浑身解数开发的模拟局用交换机JK1 000刚问世，就面临被淘汰的窘境。

眼看竹篮打水一场空，任正非只能放手一搏，不惜借高利贷继续进行数字程控交换机的研发工作。他曾对公司员工说："这次研发如果失败了，我只有从楼上跳下去，你们可以另谋出路。"

1993年，数字程控交换机C&C08终于问世，1994年全面走向商用，华为真正迎来了春天。

回顾华为的创业史，从任正非个人职场失意，到华为做代理被"卡脖子"，再到自主研发陷入困境，一路走来，可谓战战兢兢。这也是为什么在今天，华为虽然攀上了全球通信设备行业的"珠穆朗玛峰",但依旧坚持"活下去,是华为的最低纲领,也是最高纲领"。

孟子云:生于忧患,死于安乐。每当华为取得巨大成绩的时候,任正非都会及时敲打一下华为人,让大家不要沾沾自喜,要谨记"华为一直都在危机之中"!

战战兢兢的成长路,让华为人意识到企业发展道路一定是布满荆棘的,任何时候都要警惕风险,防患于未然。

1.2 强烈的危机意识

在各界盛赞华为成功的时候,任正非和经营管理团队却更感到重担压肩。经过30余年的高速发展,华为从跟随者成为领跑者。未来的路怎么走,如何才能不重蹈失败企业的覆辙,华为人时刻保持危机感。我们来看三个华为在危机中谋发展的案例。

1. 预判行业趋势,出海谋发展

有人说,任正非真胆大,一家民营企业,创立不到10年,靠"农村包围城市"的战略,在国内刚站稳脚跟,就敢"出海"。其实,任正非坚决开拓海外市场的原因并不是"胆大",而是"怕死"。

他意识到,通信行业是一个从分散走向集中的行业,有明显的"马太效应"特征。华为要想生存下去,唯有加倍努力,让自己越来越强,否则就会被市场淘汰。创业之初,任正非就给自己和公司画了一张"大饼":20年后,华为要成为世界级的电信制造企业,三分天下有其一。这体现了他强烈的危机意识和远大的抱负——必须带领华为成为行业数一数二的企业,否则华为就活不下去。现任华为董事徐文伟后来回忆说,当时公司还很小,大家只是听一听而已,也不是特别相信。后来的局面证明,任正非确实是战略大师,他不仅看清了通信设备市场的本质和发展趋势,而且带领华为人真的实现了战略目标。

果然,在国外市场相对饱和的情况下,跨国通信设备巨头转战中国市场。这些巨头不仅品牌知名度高、产品质量好，还不惜用价格战与华为等中国本土企业展开厮杀，竞争异常激烈。

与其坐以待毙，不如到更广阔的国际市场放手一搏。华为的海外拓展之路并不顺利，从1996年到1999年，华为都没能拿到像样的订单，但华为以强大的战略耐性坚持下来了。最终，华为以过硬的产品质量、量身定制的方案、贴身式的售后服务赢得了包括沃达丰集团、英国电信集团在内的全球化运营商的认同，海外业务收入也连创新高。2005年，华为国际市场营收首次超过总营收的50%，之后更高歌猛进，最高时占比达75%。直到2017年，随着国内5G建设和企业客户需求提振，加上国际市场受限等因素，国际市场营收占比才回落到50%以下。

2. 感知行业寒意，穿上"过冬棉衣"

互联网泡沫破灭后的2001年，华为的经营业绩还没有受到直接冲击，但任正非认为，该来的一定会来，信息通信设备的市场需求会受到抑制，如果不做好过冬的准备，很可能扛不过即将到来的冬天。因此，任正非发表了《华为的冬天》，他写道："沉舟侧畔千帆过，病树前头万木春。网络股的暴跌，必将对二三年后的建设预期产生影响，那时制造业就惯性进入了收缩。眼前的繁荣是前几年网络股大涨的惯性结果。记住一句话——物极必反，这一场网络设备供应的冬天，也会像它热得人们不理解一样，冷得出奇。没有预见，没有预防，就会冻死。那时，谁有棉衣，谁就活下来了。"

这篇文章最大的意义是让华为上下做好了思想准备，并且提出均衡发展、对事负责制、自我批判、任职资格及虚拟利润法等十项管理变革，苦练内力，为华为提前穿上"过冬棉衣"。市场回暖后，华为整装待发，2003年收入增长50%，又步入发展快车道。

风险管理的最高境界是"治病于未有"。经过在市场上的多年摸爬滚打，任正非练就了敏锐的市场洞察力，而且对风险有敬畏之心，能够未雨绸缪，做好应对准备，当危机来临时，处乱不惊。

3. 坚持底线思维，自主研发芯片

2019年5月17日凌晨，《海思总裁致员工的一封信》在网络世界一石激起千层

浪。现任华为2012实验室技术总裁、海思总裁何庭波在文中提到："多年前，还是云淡风轻的季节，公司做出了极限生存的假设，预计有一天，所有美国的先进芯片和技术将不可获得，而华为仍将持续为客户服务。为了这个以为永远不会发生的假设，海思走上了科技史上最悲壮的长征，为公司的生存打造'备胎'。"

备胎是什么？是平常不用，关键时刻挑大梁的角色，这个角色就是华为投入巨资研发，却一直没有全面商用的芯片技术。

基于制造成本、产品性能及维护供应商关系等多重因素，华为一直在自研芯片商用的道路上走得很谨慎，尽管有技术储备，但不到万不得已，不会主动打破市场平衡。然而，掌控着芯片研发、制造产业链核心技术的美国还是对华为下手了。

2019年5月16日（美国当地时间），美国商务部工业与安全局将华为技术有限公司列入实体清单。在此规定下，华为几乎不可能从美国公司购买高性能的芯片，这对华为的消费者业务冲击巨大。

"备胎转正"再次体现了任正非"未雨绸缪"的风险预知和防范能力。任正非曾对何庭波讲："你研发的东西可能永远都不会被启用，即使这样，你也要往最好的方向去研发。万一要用呢？"

无论市场环境和经营业绩如何，华为坚持每年投入营业收入的10%以上支持研究与开发，其中30%用于前沿科学领域的基础研究。能够在天高云淡时就建好房子，这既是战略家的前瞻思维，也是底线思维。

1.3 友商衰落的警醒

始创于1928年的摩托罗拉公司多次引领了信息通信科技的创新，从高品质的车载收音机、第二次世界大战时期的对讲机、无线寻呼机，到美国登月时的通信设备、第一部手机，摩托罗拉公司曾经是世界最顶尖通信技术的代表，也是全球通信行业的领导者。至今，广告词"Hello Moto"都能让很多人回忆起那个时代。

然而，摩托罗拉公司的辉煌并没有延续下去。它的手机业务卖给了联想公司，运营商业务也失去了竞争力，让人扼腕叹息。

表面看，是"太超前"的铱星系统拖垮了摩托罗拉公司，这项耗资63亿美元的伟大计划给摩托罗拉公司挖了个大坑。但事实上，摩托罗拉公司衰落的底层原因是当自己站在群山之巅时，管理层开始骄傲、膨胀，迷失了方向，走向封闭和内部混乱。

在世界通信行业，从神坛跌下的公司还有诺基亚、北电网络、朗讯等。华为之所以对摩托罗拉公司的衰落特别有体会，是因为在2003年，摩托罗拉公司准备收购华为，差点改变世界通信行业格局。结果，摩托罗拉公司新上任的首席执行官在董事会的支持下搁置了这桩收购案，理由是：花费75亿美元收购华为这样一家"不知名"的外国公司，太贵了！对当时的摩托罗拉公司来讲，这并不是一个错误的决定。

虽然摩托罗拉公司又辉煌了几年，但在智能机时代，它被三星公司和苹果公司远远甩在了身后。

华为则在任正非的带领下，分析行业竞争对手成功和失败的原因，对自己存在的问题采取有效措施积极应对。例如，为解决"山头林立"的痼疾，要求市场部大辞职；为提升产品研发能力、客户服务质量和供应链管理水平，全力推动管理变革；为克服人性惰怠，保持组织活力，实施7 000人工号大切换；为确保财务系统既能支持业务发展，又能发挥监督作用，华为虚心地向西方优秀企业、咨询公司学习先进管理理念，"以一杯咖啡吸纳宇宙力量"，终于走向世界通信设备行业的巅峰。

1.4 复杂多变的环境

华为已经深刻认识到，当前的环境复杂多变，其带来的不确定性，必将是常态化的挑战。

1. 经济形势

从2020年年初开始，在新型冠状病毒肺炎疫情的猛烈冲击下，全球经济陷入衰退，多国国内生产总值（Gross Domestic Product，GDP）出现负增长，失业潮、芯片荒一波接一波，港口瘫痪，供应链严重受损。

中国得益于疫情防控得力，率先走出经济萎缩，但是在全球化趋势不可阻挡的时代，也很难独善其身。作为企业个体，在我国宏观经济面临需求收缩、供给冲击、预期转弱三重压力的背景下，华为也和所有企业一样，实际遇到了供应连续性承压、整体收入规模下降的困境。危机来临时，有的企业一蹶不振，就此倒下；也有的企业危中寻机，率先走出困境，这就是风险管理的力量。华为2021年年度经营数据显示，在供应链受损、遭受制裁、国内5G建设周期放缓、疫情等多重因素的影响下，全年营业收入为6 368亿元人民币，同比下降28.6%，利润增加75.9%，达1 137亿元人民币，经营性现金流达597亿元人民币，相比上年提升了接近70%。尽管受非经营性业务的影响，但这组数据诠释了企业应追求的"有利润的收入，有现金流的利润"发展模式。

2. 政治格局

企业无法回避政治格局变化对自身发展的影响。作为全球化经营的企业，华为认识到，当前国际格局正在深刻调整，历史的巨轮滚滚向前，重塑全球治理体系的力量势不可当。面临百年未有之大变局，不确定因素明显增加，华为应该以更高的站位预判未来形势，顺势而为，做好业务布局。

3. 地区安全

在欧美国家先后对华为实施市场禁入后，经济欠发达、甚至政局不稳定的国家和地区，对于华为的海外市场业务越来越重要。然而，地区安全问题是企业正常经营的巨大隐患。例如，2021年2月，缅甸军方突然发动政变，拘禁包括国务资政昂山素季、总统温敏在内的政府高层。缅甸是华为在东盟地区的重要市场，政局动荡导致当地经济停滞甚至倒退，包括通信设备在内的基础设施建设陷于停滞。

4. 技术变革

"万物感知、万物互联、万物智能"的智能世界正加速到来，数字技术正在重塑世界。《中国5G经济报告2020》预测，2025年，中国5G用户将达到8.16亿户，移动用户渗透率将达到48%左右。5G与 4K+、VR/AR、AI、云等技术的融合应用，为个人、家庭和行业带来超乎想象的深刻变革。同时，技术的溢出效应开始显现，信息和通信技术（Information and Communication Technology，ICT）成为经济增长新动力，带动世界经济进入新的发展周期。面对技术变革，华为通过"技术强度+人才浓度"保证持续创新能力，建立若干"军团"，结合客户数字化、智能化和低碳化的诉求，用华为的技术为客户创造价值，也为华为创造更多的收入和利润。

　　明者因时而变，知者随事而制。面对复杂多变的环境，华为观大势、谋全局，对内外部形势深入调查研判，科学决策，主动把问题想得更深入一些，把风险想得更严重一些，防范措施想得更周全一些，下好先手棋，让这艘巨轮行稳致远。

第 2 章
华为风险管理体系

未来的不可知性使我们的前进（之路）充满了风险。面对不确定性，各级主管要抓住主要矛盾，以及矛盾的主要方面，要有清晰的工作方向，以及实现这些目标的合理节奏和灰度；多做一些自我批判，要清醒感知周围世界的变化，"深淘滩，低作堰"。[1]

——任正非

2.1 华为风险管理发展阶段

作为一家没有政府背景、没有资本集团支持的"草根"民营企业，华为用了不到30年的时间，就成为全球通信设备行业的领导者。华为的故事是一个传奇。但华为的成功绝不是偶然，其成功密码既有文化基因、组织活力，也有关键技术、硬核产品。从风险管理视角看，华为从弱小到强大、从国内走向全球，历经风雨，面对磨难，一直稳步向前，很大程度上是华为坚持将风险管理智慧融入经营管理的结果。

"罗马不是一天建成的"，华为风险管理体系的建设也不是一蹴而就的，而是伴随公司业务的增长、组织管理的成熟而不断演进、完善。

---

1 任正非. 谁来呼唤炮火，如何及时提供炮火支援. 总裁办电邮文号[2009]01号.

我们可将华为风险管理大致分为以下四个发展阶段。

2.1.1 胆大敢闯阶段（创立—1993年）

企业一旦创立，就与各类风险相伴相生，如市场风险、资金风险、研发风险、合规风险，以及企业控制权风险。企业创始阶段，对风险的认知是模糊和粗浅的，华为也不例外。

创立之初的华为，犹如市场经济浪潮中的一叶扁舟，活下去是头等大事，"带头大哥"任正非一心想的是如何解决大家"吃饱饭"的问题。

在这个阶段，风险管理就是危机管理，更直接讲就是生存管理。先要活下去，只要不违法的事情都敢于尝试。用风险管理的术语来说，就是风险偏好为激进型，不确定性容忍度高。

例如，1990年的华为，员工才32人，年销售收入3 400万元。任正非宁可冒血本无归的风险，也要倾力打造独立自主的产品。尽管几乎没有知识积累，也可能研发半途而废，或者产品可靠性差、良品率不达标，但如果不掌握产品的主动权，就会受制于上游厂商，极端情况下无货可卖，致使企业活不下去。

还有一个例子是华为为解决资金难题，发起员工持股。初创期的华为，一方面业务需要投入大量资金，另一方面又要兑现对员工的高薪承诺。刚成立的民营企业是很难申请到银行贷款的，除了借高利贷救急，华为找不到途径获得资金。无奈，任正非只能给员工"打白条"，在资金紧张时发一半工资，变相从员工手中募集资金。

经过几次升级、完善，华为形成了员工持股计划。今天看来，员工持股计划捆绑员工的长期收益与企业战略目标，实现"力出一孔、利出一孔"，但最初是有一定的合规风险的，涉嫌非法集资。所幸，华为的这种持股模式得到政府的特批，成了"独一份"。

总的来说，胆大敢闯阶段的华为，风险偏好为激进型，不确定性容忍度高，针对影响生死存亡的关键问题，敢于冒风险求生存。在华为内部，制度尚不健全，没有形成风险管理基础。

2.1.2 启蒙摸索阶段（1994—1998年）

随着拳头产品数字程控交换机C&C08在市场上大放异彩，华为进入全新发展阶段，业务收入和员工规模连年翻倍增长。1994年，华为收入8亿元，员工540人；到了1998年，收入89亿元，员工8 000人。一方面，华为业务快速扩张，高歌猛进；但另一方面，华为的管理能力又跟不上，内部管理显得杂乱无章。

在市场扩张期，为了"多打粮食"，华为需要"能人"冲在前面，因此在多地设立办事处，全权负责当地市场销售和服务。有业绩后，一些居功自傲的"诸侯"开始"摆谱"，出现了不听公司的统一指挥和布局的情况。

针对内部管理问题，任正非最开始的手段是"堵"，哪里出了问题就先堵哪里，但问题层出不穷。华为面临来自内部的治理风险、组织人力风险和文化传承风险。

任正非认识到，唯有统一思想、集聚共识、推动变革，构建符合华为特点的流程控制和管理框架，才能为开启新征程积蓄力量。从1995年开始，华为进行了文化建设、组织改革和工资改革，重整业务流程，引进管理信息系统等，以内部的确定性应对外部的不确定性。

总的来说，启蒙摸索阶段的华为风险偏好从激进型向平衡型转变。在信息通信行业站稳脚跟后，华为意识到内部管理是影响未来发展的最大风险。华为以《华为基本法》为统领，总结华为文化，推动建章立制，构建了风险管理体系的雏形。

2.1.3 主动学习阶段（1999—2010年）

1998年春节后，任正非发表了文章《我们向美国人民学习什么》。这篇文章记录了任正非一行1997年圣诞节前夕考察美国的所见所感，对美国科技企业的创新机制和管理模式大为赞赏。

这篇具有里程碑意义的文章开启了华为管理变革之路。从1998年开始，华为不惜重金向国际知名咨询公司学习，包括IBM、麦肯锡、埃森哲、罗兰贝格、德勤、普华永道、毕马威、安永、合益、美世、波士顿等。

华为为什么要吹响管理变革的号角？首先，走向国际化的华为清醒地认识到，要在高手林立的国际市场有一席之地，必须居安思危，适应外部环境的变化，学习领先公司的成功经验和管理模式，时刻警惕各类风险。唯有如此，才能实现"多打粮食，增加土壤肥力"的目标。

其次，管理变革就是要摆脱企业对个人的依赖，将人性的风险通过权责体系、流程控制降到最低。管理变革的过程就是自我批判和自我调整的过程。做好风险管理的前提是能全面识别风险、评估风险，顺风顺水时主动变革、拥抱时代，才能在大浪淘沙后依然屹立不倒。

管理变革一定涉及利益格局的重新分配。如果变革的节奏把握不好，就可能导致内部思想混乱、人心惶惶，进而可能影响当期业绩，使团队产生观望情绪。但任正非很清楚，绝不能因为变革有风险就退缩不前，而要让组织适应变革。

总的来说，主动学习阶段的华为风险偏好为平衡型，对趋势性风险把握准确，在无法改变行业格局的情况下，苦练内功，未雨绸缪，夯实管理基础。

2.1.4　成熟提升阶段（2011年至今）

2011年，华为将主营业务归为三个业务集团（Business Group，BG）：运营商BG、企业BG和消费者BG，这代表华为三大业务趋于成熟，进入发展快车道。同年，华为实施轮值首席执行官制度。

两项变革体现了华为"大而分治"，不把鸡蛋放在一个篮子里的风险管理理念。三大业务集团独立运作，犹如三驾马车，牵引公司向前发展。

关于轮值首席执行官制度，任正非讲到，潮起潮涌，公司命运轮替，如何适应快速变化的社会，华为实在找不到什么好的办法。轮值首席执行官制度是不是好的办法，是需要时间来检验的。但将首席执行官职责授予一个人，公司命运就系在这一个人身上。成也萧何，败也萧何，非常多的历史事件证明了这是有更大风险的。

2013年，华为开中国企业之先河，在英国伦敦设立了财务风险控制中心，监管华为全球财务运营风险，确保财务规范、高效、低风险地运行。在华为总结的公司里程碑事件中，这是少有的榜上有名的管理举措。

在这个时期，华为风险管理各项制度愈加规范，包括发布《华为企业风险管理政策》，将风险管理相关工作正式列入华为流程体系。华为还成立了贸易合规办公室，负责制定和修订公司出口管制制度，建立出口审查的标准流程。

总的来说，成熟提升阶段的华为风险偏好为平衡型偏谨慎，对任何违规事件零容忍，绝不游走于灰色地带，对于内部的违规事件严惩不贷。华为也更新了对风险的认知，风险不只是损失，也是机遇，只有承担风险，才能有收益。

2.2 华为对风险的理解

2.2.1 华为对风险的定义及分类

1. 风险的定义

管理风险的前提是认知风险。华为认为，风险是未来的不确定性对经营目标的影响，是企业运营中客观存在的。风险不能被消除，但可以被管理。

2. 风险的分类

风险无处不在，企业经营管理各领域都面临风险。为了更好地管理风险，我们需要对风险进行分类。以下介绍四种常见分类方法。

（1）按风险来源分类。根据来源，风险通常可分为经济风险、政治风险、社会风险、自然风险和技术风险。

（2）按风险带来影响的好坏分类。根据带来影响的好坏，风险可以分为机会风险和纯粹风险。机会风险既可能带来损失，也可能带来收益，如战略风险、市场风险、投资风险、信用风险。纯粹风险只要发生就带来损失，不会带来任何收益，如运营风险、财务风险、员工道德风险、声誉风险、法律及合规风险。

（3）按风险的影响层级分类。以华为为例，华为按风险的影响层级，将风险分为企业级风险和领域级风险。企业级风险指未来可能对整个企业集团的竞争格局、声誉、财务状况、经营成果或长远利益产生重大影响的风险，这些风险往往跨部门或经营单元（业务集团、业务单元、区域、代表处、责任中心）。领域级风险指未来可能对某特定领域的竞争格局、声誉、财务状况、经营成果或长远利益产生重大影响的风险。

（4）按风险的影响范畴分类。根据影响范畴，风险通常可分为战略风险、市场风险、投资风险、运营风险、财务风险、信用风险、员工道德风险、声誉风险、法律及合规风险等。

3. 华为的风险分类

风险分类的维度和方法有多种，没有统一的标准，均服务于不同的管理目的。具体分类只要利于理解，利于企业内部风险管理责任明晰即可。华为将风险分为四大类：战略风险、外部风险、运营风险、财务风险。

（1）战略风险。指市场、产品和投资规划或决策等能力有限而影响整个企业中长期生存能力、竞争力、发展方向、战略目标、效益的重要风险，如竞争格局风险等。

（2）外部风险。指外部因素导致的风险，如宏观环境风险、合规风险、贸易风险、自然灾害风险、当地国家风险等。

（3）运营风险。指企业在运营过程中由于内部运作、人力和技术能力的有限性导致运营失败、达不到预期运营目标、造成损失的风险，如业务连续性风险等。

（4）财务风险。指多种因素导致公司资金资产损失、财务结构失衡等对公司当期或长期经营结果和声誉产生影响的风险，如财务报告风险、流动性风险、税务风险、汇率风险、利率风险、信用风险、银行账户风险。

除了偏理论层面的分类，任正非还曾从价值管理的角度把华为的内在风险归为三类：第一类，多年高速增长隐含的风险。高速增长阶段能够掩盖的隐性风险会因外部经济环境的恶化或业务增速下滑而暴露，如超长期应收款、亏损合同、高风险合同、过度承诺、未经审批发给客户的优惠券等，这些风险需要清晰地量化、衡量和处理，并且逐步释放。第二类，业务增速下滑隐含的风险。增速下滑以后，公司盈利和财务状况将变差，需要高度关注运营效率，警惕合同质量、新商业模式、特殊交易模式等问题，厘清授权和审批，要求管理团队"吹牛皮要交税"。同时，要建立预算核算与人力资源的关联机制，用价值分配杠杆牵引资源合理配置，提高人员效率。第三类，多核业务投资与成长的不确定性隐含的风险。发展业务，需要关注公司投入人、财、物的比重、结构和节奏是否与公司资源、业务战略相匹配，还要特别关注如终端库存、产品质量、企业业务渠道等一系列新的问题，要有相应的解决方案和能力。[1]

2.2.2 华为风险管理的目标

华为认为，实施风险管理是为了在复杂的内外部环境中持续管理各类风险，以规则的确定性应对结果的不确定性，力求实现业务增长和风险的最优平衡，保障公司持续健康发展。

华为风险管理的目标包括：

- 确保公司经营行为合法合规。
- 完善公司风险预警机制和危机处理机制，避免重大灾害性事件和人为错误给公司带来巨大损失。
- 为公司战略调整和投资决策服务，优化公司的风险组合，将风险控制在可承受的范围内，支持业务目标的达成。

在"业务扩张"与"风险控制"之间，华为力求做到有效平衡，防止走向忽视风险或过度保守两个极端。华为传承专业组织对风险管理的定位，明确风险管理要以价值创造为导向。

2.2.3 华为风险管理的基本原则

华为提出了四项风险管理的基本原则，指导具体工作的开展。

1. 管业务必须管风险

华为有两个非常重要的风险管理角色，分别是风险领导人（Risk Leader）和风险责任人（Risk Owner）。

---

[1] 任正非. 做好公司价值管理，追求公司有效增长. 总裁办电邮文号[2012] 005号.

每类重大风险，都有一位风险领导人统筹管理，负责组建跨部门的风险管控工作组，按风险管理流程开展风险识别、综合评估和根因分析，制订应对计划并实施，持续监控并形成报告。风险领导人由华为财经委员会提名，原则上由高级管理者担任。风险责任人是具体执行风险管理并承担风险的职能部门或业务单元的负责人。

在华为，管业务必须管风险，只有最懂业务的人承担风险管理的责任，才能保持对风险的敏感性，制定有效应对举措。风险不会独立于业务而存在，更不能脱离业务空谈风险。任正非曾说，95%以上的问题是业务主管、流程责任人可以基本解决的，5%的例外问题才是风险管理专职人员要处理的。

风险管理要有生命力，要体现价值，就必须在"业务的土壤"中生根发芽。一切风险管理动作都应聚焦于业务目标的达成。

2. 管风险要从企业整体利益出发

企业经营管理中，部门利益必须服从整体利益，只有"大河有水"，才能"小河满"。风险管理工作也如此，绝不允许为了局部的、眼前的利益，损害公司整体的长远布局。

在组织保障上，华为规定，风险管理的最高领导机构是董事会，董事会授权财经委员会作为风险管理的决策机构，统筹公司全面风险管理工作，并对企业级重大风险进行决策。财经委员会下设风险管理工作委员会，其在财经委员会领导下承接关于风险管理的相关工作。

从2018年开始，华为对企业级重大风险和风险事件进行提级管理，由董事会审议。

在实施层面，华为通过任命高级管理者为风险领导人，加强跨部门协同，"推倒部门墙"，构建三层防线机制，实现有效防范风险、处置风险。

3. 在风险中寻找机会

华为认为，信息通信和技术行业是瞬息万变、充满不确定性的行业，稍有迟疑，就会错失市场机会。而且，越是不确定的未来，越是充满机会。不确定是利润的真正来源，确定的市场必将是竞争异常激烈的红海。

投资领域是风险创造价值的最佳诠释。华为把风险投资作为互补内部能力、防范技术变革风险、应对未来不确定性的重要手段。华为通过风险投资支撑主航道发展战略，实现布局前沿技术、控制关键资源、保证供应安全的目标。

华为旗下成立于2019年的哈勃投资公司已对外投资数十个项目，主要分布于芯片设计、工业软件、第三代半导体和半导体材料等行业，有力支撑华为主航道发展战略。

在充分竞争的商业世界，既没有无风险收益，也没有稳赚不赔的买卖。

4. 风险管理不是消灭风险

社会在进步，环境在变化，风险不可能被消灭。风险管理的目标是确保风险可知、可控、可承受，也就是在决策前，只要知道了规则，预判了可能的后果自己还能承受，就可以放手去干。以华为国际化战略为例，华为通过首先布局与我国外交关系良好的国家，严格遵循国际规则，建立信用风险管理机制，购买信用保险等手段，将风险控制在可接受的范围内。如果追求把风险清零，就失去了最佳时机。

2.3 华为风险管理框架

2.3.1 华为风险管理框架概述

华为参考美国反虚假财务报告委员会下属的发起人委员会（The Committee of Sponsoring Organizations of the Treadway Commission，COSO）的《企业风险管理框架》和国际标准化组织（International Organization for Standardization，ISO）的《风险管理指南》，结合自身组织架构和运作模式建立了企业风险管理体系，发布了企业风险管理政策及管理流程，持续完善企业风险管理组织和运作机制，推进风险管理测评。华为风险管理框架如图2-1所示。

华为风险管理

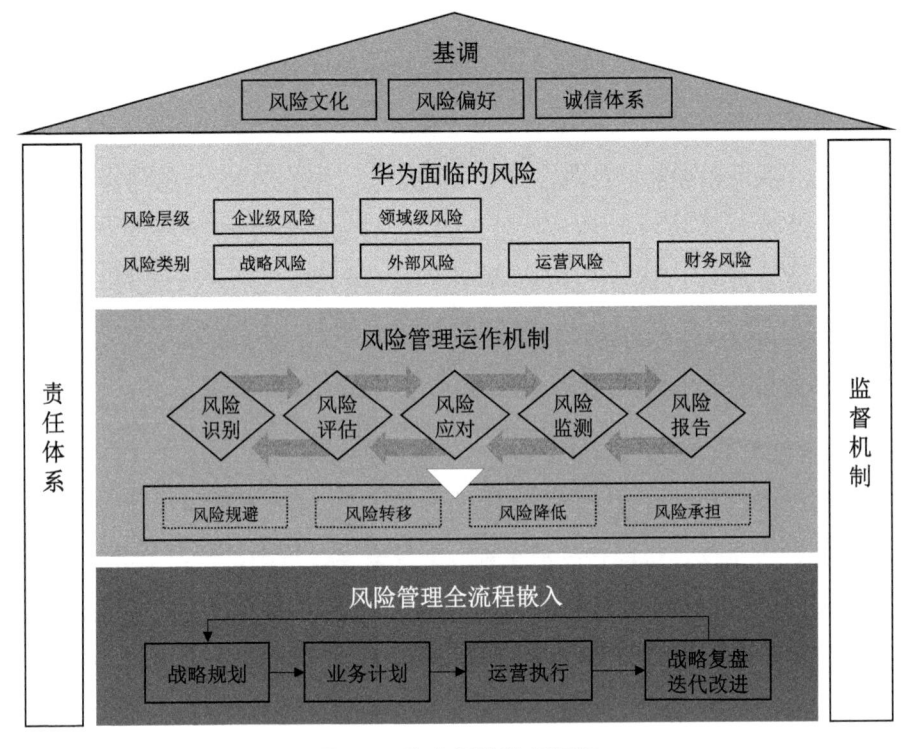

```
                    基调
        风险文化    风险偏好    诚信体系

┌─────────────────────────────────────────┐
│           华为面临的风险                   │
│  风险层级   企业级风险   领域级风险          │
│  风险类别   战略风险  外部风险  运营风险  财务风险 │
├─────────────────────────────────────────┤
│           风险管理运作机制                 │
│  风险识别 ↔ 风险评估 ↔ 风险应对 ↔ 风险监测 ↔ 风险报告 │
│                                         │
│  风险规避   风险转移   风险降低   风险承担    │
├─────────────────────────────────────────┤
│           风险管理全流程嵌入               │
│  战略规划 → 业务计划 → 运营执行 → 战略复盘迭代改进 │
└─────────────────────────────────────────┘
  责任体系                          监督机制
```

图2-1 华为风险管理框架

华为以风险文化、风险偏好和诚信体系建立风险管理的基调，并在战略决策与规划中识别重大风险因素，在业务计划与执行中控制风险，为华为的持续经营提供有力保障。

风险识别、风险评估、风险应对、风险监测、风险报告组成了华为风险管理运作机制，通过风险规避、风险转移、风险降低和风险承担来应对各类风险。

在风险管理的内涵和责任机制方面，华为倡导大监管理念，注重整体性，包括将风险管理、内部控制、稽核审计纳入统一体系中，以三层防线理论为基础，明确第一层防线是产品线、区域、代表处，第二层防线是内部控制与风险管理职能，第三层防线是内部审计。强调防线间配合和协作，而不是"铁路警察各管一段"，打破条线思维，以公司整体视角，统一规划落实每类风险的管理职责。

2.3.2 华为借鉴学习的风险管理框架

COSO《企业风险管理框架》和ISO《风险管理指南》，对于指导各类机构和组织开展风险管理相关工作均具有广泛的适用性，是企业构建风险管理框架的重要理论依据。

1. COSO《企业风险管理框架》

2017年，COSO发布了《企业风险管理框架——整合战略与绩效》（以下简称COSO新版框架）。与2004版相比，COSO新版框架进行了颠覆性重构。在形式上，不再使用三维魔方，与COSO内部控制模型有了本质区别；在内容上，跳出内部控制思维，将风险管理上升为企业在创造、保存、实现价值过程中的管理动作。COSO新版框架更加强调风险与价值的结合，突出价值创造，而不只是避免损失。风险管理不再是主体的一个额外的或单独的活动，而是融入主体的战略和运营的有机部分。

COSO新版框架使用了"构成要素+原则"的结构，包括5项要素，20项原则，如图2-2所示。

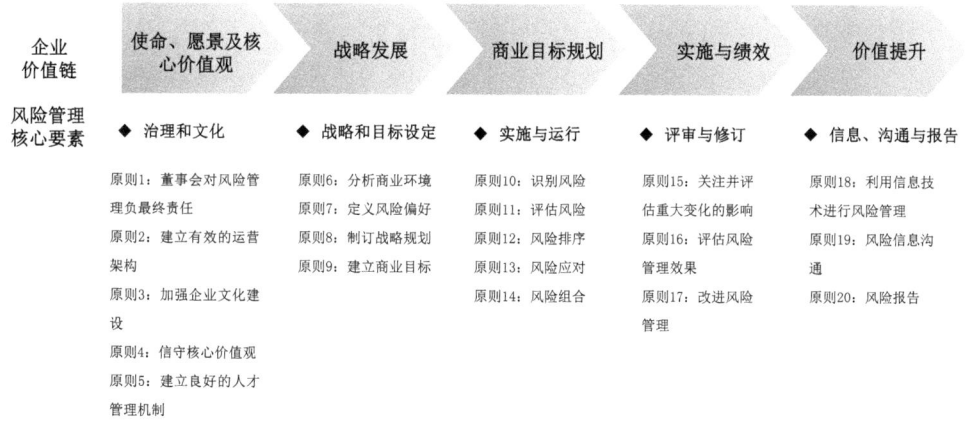

企业价值链	使命、愿景及核心价值观	战略发展	商业目标规划	实施与绩效	价值提升
风险管理核心要素	◆ 治理和文化	◆ 战略和目标设定	◆ 实施与运行	◆ 评审与修订	◆ 信息、沟通与报告
	原则1：董事会对风险管理负最终责任	原则6：分析商业环境	原则10：识别风险	原则15：关注并评估重大变化的影响	原则18：利用信息技术进行风险管理
	原则2：建立有效的运营架构	原则7：定义风险偏好	原则11：评估风险	原则16：评估风险管理效果	原则19：风险信息沟通
	原则3：加强企业文化建设	原则8：制订战略规划	原则12：风险排序	原则17：改进风险管理	原则20：风险报告
	原则4：信守核心价值观	原则9：建立商业目标	原则13：风险应对		
	原则5：建立良好的人才管理机制		原则14：风险组合		

图2-2 COSO新版框架

要素一"治理和文化"包括5项原则：董事会对风险管理负最终责任、建立有效的运营架构、加强企业文化建设、信守核心价值观、建立良好的人才管理机制。该要素是企业发展的根和魂，没有科学的治理结构和良好的企业文化，企业就没有凝聚力，各部门就是一盘散沙。

要素二"战略和目标设定"包括4项原则：分析商业环境、定义风险偏好、制订战略规划、建立商业目标。该要素要求在战略规划工作中，运用风险管理的理念，通过定义风险偏好，引导制订规划和设定商业目标。

要素三"实施与运行"包括5项原则：识别风险、评估风险、风险排序、风险应对、风险组合。该要素是风险管理的运作流程，特别强调了风险的组合管理。

要素四"评审与修订"包括3项原则：关注并评估重大变化的影响、评估风险管理效果、改进风险管理。该要素关注风险管理工作的自我监督和提升。

要素五"信息、沟通与报告"包括3项原则：利用信息技术进行风险管理、风险信息沟通、风险报告。该要素强调在风险管理中应充分利用信息技术完成信息沟通及报告工作。

2. ISO《风险管理指南》

2018年，ISO发布ISO 31000《风险管理指南》。指南以"原则+框架+流程"的形式呈现，如图2-3所示。指南的原则为构建整合的、结构化和全面性的、定制的、包容的、动态的、持续改进的风险管理体系，并关注有效信息的利用和人员与文化因素的影响。

框架强调核心管理层的领导力及对推动风险管理工作的承诺，指出风险管理体系也遵循设计、实施、评价、改进、整合的螺旋式提升流程。

流程则是风险管理的各项具体工作。值得注意的是，ISO 31000标准将风险识别、风险分析、风险评价归为风险评估，理由是这三项工作在实操时是前后紧密衔接、密不可分的。

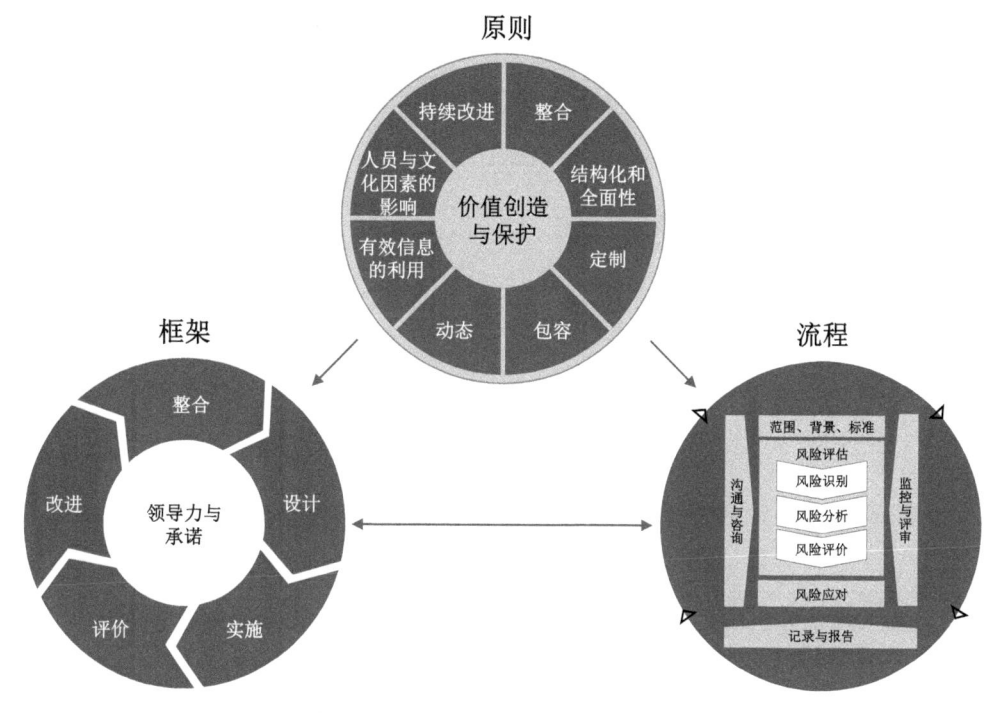

图2-3 ISO 31000《风险管理指南》

3. 华为的思考

华为在设计全面风险管理框架时，虽然没有完全照搬COSO或ISO的框架，但遵循了其共性思路：

- 重视风险管理对支撑战略目标达成和绩效实现的作用。
- 强调风险管理与业务活动、价值创造的联动，将风险管理工作整合融入经营管理的所有方面。
- 加强风险意识、诚信文化的培育和软环境的建设。
- 关注风险管理的持续改进。

华为的风险管理框架也有独特之处。相比强化领导层责任与担当，华为更强调，在风险面前人人都是一道防火墙。通过落实流程责任制，华为推动全员主动担责、主动防范风险。相比侧重普适性的国际风险管理文件，华为从自身出发，动态识别面临的风险，明确风险管理对象，并建立了分层、分类管理的思路，从而能够更好地指导华为风险管理的能力建设与实践应用。

第 3 章

华为风险管理要素

领袖的作用是方向感。不在于你是否扛锄头、挖战壕，而在于你是否能领导大家走出困境，找到前进的方向。方向感就是要在多种不确定性中给出确定性的判断，尤其在资源有限的情况下。当然也包括模糊性的判断，引领走出混沌。[1]

——任正非

3.1 基调

3.1.1 风险文化

企业文化就是企业的"精气神"，既是企业发展的内在驱动力，也是独有的宝贵财富。

《华为基本法》第六条这样写道："资源是会枯竭的，唯有文化才会生生不息。一切工业产品都是人类智慧创造的。华为没有可以依存的自然资源，唯有在人的头脑中挖掘出大油田、大森林、大煤矿……精神是可以转化成物质的，物质文明有利于巩固精神文明。我们坚持以精神文明促进物质文明的方针。这里的文化，不仅仅包含知识、技术、管理、情操……也包含一切促进生产力发展的无形

---

[1] 任正非. 多路径、多梯次跨越"上甘岭". 走进无人区. 2016.

因素。"

华为的企业文化从创建初期就开始慢慢形成，如技术研发部的"垫子文化"，市场部的"胜则举杯相庆，败则拼死相救"精神。随着公司发展壮大，华为文化更加丰富，既有自身实践领悟的，也有兼收并蓄的。

企业文化是了解一个企业的重要窗口，因此，要了解华为风险管理，得从华为风险文化着手。

华为的风险文化由两方面组成，一是危机文化，二是合规文化。

1. 危机文化

敬畏风险，并不是惧怕风险，而是充分识别风险，有危机意识，做好底线准备。《华为基本法》第九十八条这样表述危机意识："高技术的刷新周期越来越短，所有高科技企业的前进路程都充满了危机。华为公司由于成功，公司组织内部蕴含的危机也越来越多，越来越深刻。我们应该看到，公司处于危机点时，既面临危机，又面临机遇。危机管理的目标就是变危险为机遇，使企业越过陷阱，进入新的成长阶段。"

危机意识也体现在华为高层、中层和基层"日子都不好过"，因为"高层要有使命感，中层要有危机感，基层要有饥饿感"。

"中层要有危机感"如何理解？首先，中层要对公司能否持续发展有危机感。任正非从历史发展规律中深刻认识到，一个组织太平时间越长，危机意识越弱，生存能力就越差，最后一定走向寂灭、死亡。因此才有华为1997年"市场部集体大辞职"事件，以及2007年"7 000人工号大切换"事件。华为顶住极大的舆论压力，甚至冒着被视作挑战监管的风险，也要向中层干部可能存在的"天下太平"意识宣战。华为营造"危机感"的决心从没有改变过。

其次，中层对自己能否保住管理岗位要有危机感。在华为，如果一个中层管理者凝聚不了队伍，完不成任务，斗志衰退或自私自利，很快就会被降职。当然，有降也有升，如果过一段时间，他改变了，经考察合格，也能重新得到提拔。始终让容易"小富即安"的中间层觉得危机四伏、诚惶诚恐，才能促使他们克服惰性、持续奋斗。

华为致力于在企业内部树立风险无处不在、无时不在的意识，发扬"人人都是一道屏障"的风险控制文化，将岗位上的风险管理责任植入每个华为人心中。

2. 合规文化

业务遍及全球的华为视合规经营为生命线，坚持将合规管理端到端地落实到业务活动及流程中。

任正非曾坦言，民营企业发展的根本就是遵纪守法，法律不允许做的事情，我们就不做，不去触碰红线，就获得一种安全。进入国际市场，也必须遵守所在国的法律、联合国的规章。

营造合规文化，难点并不在于梳理外规，也不在于在设计层面将合规要求嵌入业务活动和流程中，而在于要革"心"，让公司上下从内心认同合规的重要性，绝不可有侥幸心理，以为可以"打擦边球"，蒙混过关，为了短期收益留下隐患。纸终究包不住火。

华为在多领域倡导合规文化，包括反商业贿赂、贸易合规、金融合规、网络安全与隐私保护、知识产权与商业秘密保护等。华为根据适用的法律法规结合业务场景，识别合规风险，设定合规目标，制定相应管控措施并落实到业务活动及流程中，实现对各个业务环节运作的合规管理与监督。

华为重视并持续提升员工的合规意识及能力，通过培训、宣传、考核、问责等方式，使员工充分了解公司和个人的合规遵从义务和责任，确保合规遵从融入每位员工的行为习惯。

3.1.2 风险偏好

风险偏好是指在实现经营目标的过程中企业愿意承担的风险水平。通俗地讲，就是决策者在心理上对待风险的态度。

风险偏好一般可分为三种类型：激进型、平衡型、谨慎型。激进型指主动承担风险，愿意为赢得超额收益承担损失；平衡型指愿意承担一定风险，为公司发展赢得更多机会，对于风险可能造成的损失，具备抵补意愿和抵补能力，在风险与收益中寻找平衡；谨慎型则指不愿意接受风险带来的损失。

表3-1列举了不同风险偏好类型及表现。

表3-1 风险偏好类型及表现

类 型	表现举例
激进型	1. 通过杠杆资金，实施横向或纵向的收、并购，快速做大规模 2. 实施海外资产并购 3. 投资非固定收益理财产品 4. 敢于在监管环境尚未明朗的情况下进行投资 5. 在关键岗位大胆起用新人，高薪挖人，快速建立队伍
平衡型	1. 以填补产业链空缺或自身短板为目的实施收、并购 2. 充分重视资金安全，不做可能导致本金损失的金融投资 3. 在决定投资新项目、开发新产品方面，会经过充分调研和严格论证 4. 公司重视制度体系和流程建设 5. 公司根据业务发展需要，逐步配置团队
谨慎型	1. 固守熟悉领域，不做外延式扩张 2. 不负债发展 3. 对公司和个人的任何违规行为零容忍 4. 公司员工队伍稳定，老员工居多

每个人对待风险的态度因成长经历、性格喜好、经济能力而不同，企业也如此。选择什么样的风险偏好，与企业所处行业、发展阶段、所有制形式都有关系。

例如，互联网企业竞争激烈，技术演变快，新产品与新服务层出不穷，企业如果不愿意承担风险，追求四平八稳，就很可能被竞争对手超越，被市场抛弃。初创型企业也是如此，只有敢于尝试、抢占市场，才可能求得生存空间。但对于事关国计民生的国有企业，如能源、电信等行业的国有企业，就必须求稳，更偏向谨慎型。

今天的华为，风险偏好是什么呢？任正非曾说："'富贵险中求'，华为不因有风险就不前进，也不因前进而不顾风险。面对未来的风险，要严格管制内外合规，严守商业边界，既要加强风险识别和管控，又要'多打粮食'。加强风险管控是为了'多打粮食'，通过不断完善风险防控体系，使公司从心所欲不逾矩，在发展中获得自由。"这段话表达的就是机会与风险并存，既不能只看到机会而忽视风险，也不能因为害怕风险而停止前进的脚步。要把握机会，踏准节奏，追求有效增长，抑制盲目扩张。今天的华为，风险偏好是平衡型。

华为通过风险偏好，确保作战平台和作战单元的发展思路和经营行为与公司战略保持一致，确保公司在可承受的风险范围内开展业务，规避片面追求局部利益或短期利益的情况，为公司的稳健经营和可持续发展提供支持。

在总体风险偏好的指导下，华为针对各类风险分别设定风险偏好。例如，对于合规风险，华为是风险谨慎型，坚持零容忍；对于投资风险，华为则越来越倾向激进型，以弥补自身相对薄弱的模块，敢于进军新的领域。

对于易于量化的风险领域，如客户信用风险、市场风险、流动性风险等，华为以关键风险指标来量化风险偏好，设置风险限额，如量化流动性风险的流动比率、速动比率。

3.1.3　诚信体系

诚信是企业的立身之本，更是风险管理工作的基础。华为不允许任何形式的"背弃诚信"。华为在年度报告、官方网站态度坚决地表明：坚持诚信经营、恪守商业道德、遵守所有适用的法律法规是华为管理层一直秉持的核心理念。为了维护一种诚信的环境，华为制定了员工商业行为准则，发布了各项规章制度，要求员工自觉遵守和维护，加强自我约束，培养抵抗诱惑的能力。

诚信是企业宝贵的无形资产。任正非作为华为的创始人，非常重视信誉和责任。很多人都知道任正非被骗过200万元，但很少人谈及任正非为了要回200万元，自学法律打官司讨债，后来创业赚了钱，补足了老东家的损失。

诚信意识渗透到华为的每个角落。华为内部有个说法，在华为，如果敢去做假、去做质量差的产品，不管多资深的管理者，直接就会被开除。

企业越大、越发展，就越需要信任的加持。经商无信不成。对商人来说，企业破产不可怕，还能东山再起，但一旦信誉破产，就再无翻身之日。"小胜靠智，大胜在德"。华为能够成就今天的事业，与任正非和华为在诚信上的坚守有很大关系。不仅仅在国内市场，在全球市场，华为都注重打造被信任的品牌形象。

3.2 责任体系

3.2.1 华为风险管理的关键角色

管理工作要落到实处，必须明确关键角色及其职责、权力。华为从上至下，承担风险管理主体责任的关键角色包括：董事会、财经委员会、审计委员会、风险领导人、风险责任人、内控与企业风险管理部、各业务单元财务总监。

1. 董事会

董事会风险管理的主要职责为：

- 确定基调，建立并不断完善风险管理环境。
- 批准企业级重大风险和重大危机的应对方案。
- 批准内部控制与合规体系的建设方案。

2. 财经委员会

财经委员会在董事会授权下作为风险管理的决策机构，主要职责为：

- 宣贯风险管理文化。
- 制订风险管理工作规划、路标。
- 审议风险管理框架、政策。
- 决定企业级风险排序，审批企业风险地图及其变更。
- 审议企业级风险的风险偏好、风险容忍度。
- 根据需要审批企业级风险管理的专项预算。
- 向董事会报告企业级和各领域的风险管控状况。

3. 审计委员会

在董事会授权范围内，其主要职责包括：

- 审议与风险管理、内部控制相关的政策。
- 审批内部控制体系建设方案，监控公司内部控制状况，推动管理改进。
- 审视公司诚信与道德遵从环境的有效性，促进员工遵从商业行为准则。

4. 风险领导人

风险领导人原则上由公司高级管理者兼任，由该组织的首席执行官任命，领导相关部门完成重大风险管理工作，其个人绩效承诺包含风险管理。其主要职责包括：

- 从公司整体角度组织相关部门综合评估风险影响，分析风险根因。
- 分解企业级风险的管控责任，指定风险责任人。
- 组建跨领域的风险管理工作组，确保风险管控的有效性。
- 决定风险管控的目标、范围及里程碑计划，并监控实施。
- 向财经委员会汇报该风险的管控状况，确保企业级风险被控制在可接受范围内。

5. 风险责任人

风险责任人原则上由各单位（业务集团、业务单元、区域、代表处、责任中心等）负责人担任，是所负责领域风险管理的第一责任人，个人绩效承诺包含风险管理。其主要职责包括：

- 承担对公司经营或声誉有影响的风险的管理责任，将风险控制在可接受范围内。
- 将风险管理与业务紧密结合，在战略规划中识别风险，在业务计划中研究并执行风险管理策略，并在日常运作中监控这些策略的有效性。
- 及时向财经委员会或风险领导人汇报本领域内风险及管控状况。
- 确保本领域员工理解和正确执行风险管理策略。
- 参与年度企业风险地图制定。

6. 内控与企业风险管理部

内控与企业风险管理部协助财经委员会及风险领导人管控企业级风险，是各单位风险管理的能力中心。其主要职责包括：

- 对企业级风险管理框架、流程进行阶段性回顾，协助财经委员会向董事会汇报。
- 定期汇总各单位识别的重大风险，并进行综合评估，形成企业风险地图，报财经委员会审批。
- 定期评估各单位的风险管理执行情况，监控其风险管理的有效性，并促进风险管理能力持续提升。
- 接受财经委员会指派，组织及指导跨领域深度风险分析项目，评估及制订企业级风险管控方案。
- 协助各单位风险管理团队在风险识别、评估、分析、监控、报告及指标测评中实现最佳实践。
- 通过培训、工具及业务支持等方式协助建立企业风险管理文化，并增强员工对企业风险管理的理解。

7. 各业务单元财务总监

财务总监作为各单位风险管理的支撑主体，协助本单位风险责任人承担日常风险管理职责。

- 财务总监是财务风险管理责任人，同时负责推动、监控和报告业务风险管理运作情况。
- 财务总监在法律及合规遵从、财务及运作信息准确等方面确保企业风险管理的有效性。

3.2.2 华为风险管理的三层防线

华为风险管理的诸多角色之间的关系是什么？这就是华为风险管理的三层防线机制。

1. 第一层防线：责任主体

第一层防线由风险领导人、风险责任人、各业务单元财务总监及风险责任单位的所有员工组成。第一层防线落实流程责任制，具体执行风险管理的各项工作，并对结果负责，承担风险，享有收益。

有的企业抓风险管理时会走入一个误区，认为只要有了风险管理部门，风险就能控制住。殊不知，与风险直接交锋的是业务部门，只有他们真正领会了风险管理的理念，在经营中应用，才能第一时间监测风险、应对风险。

华为提出，要把90%以上的精力和风险控制资源投在第一层防线的建立上，既要有规范性，又要有灵活性，因为没有灵活性就不能响应不同的客户需要。最终目的是让业务主管承担起风险控制责任，让他们既是经营责任人，也是风险控制责任人，各个层级都如此。

任正非曾说，未来华为的组织建制就是精兵组织，作战方针要精兵化。用精兵应对不确定性，包括技术的不确定性、客户的不确定性、交易条件的不确定性、交付条件的不确定性。

2. 第二层防线：赋能统筹

第二层防线由董事会下设的财经委员会、内控与企业风险管理部组成，针对跨流程、跨领域的企业级高风险事项进行拉通管理，同时负责风险管理的顶层设计和方法工具的推广，并做好赋能工作。

第二层防线承担全面风险管理的牵头职责，包括建设风险管理体系，培育、宣贯风险文化，制定风险偏好，识别重大风险，提供风险管理工具，监督第一层防线对风险进行有效管理。

3. 第三层防线：后督威慑

第三层防线由董事会下设的审计委员会和内部审计部门组成，通过内部审计，对风险管控效果进行独立评估。

在华为，内部审计是对公司各单位经营活动的真实性、合法性、效益性及各种内部控制制度的科学性和有效性进行审查、核实和评价的一种监控活动。

风险管理机制运行情况也在审计监督范围内。内部审计通过开展独立检查，评价公司和各单位的风险管理水平、风险暴露情况，对失职、渎职行为形成威慑，促进责任落实、诚信建设，促进公司风险控制体系持续完善，牵引业务管理改进，为业务健康发展保驾护航。

3.3 运作机制

在华为流程体系中，风险管理的相关工作处于第三层级，即在一级流程

（L1）"管理财经"设置了二级流程（L2）"管理风险与内部控制"，并进一步分为"管理风险"和"管理内部控制"两个三级流程（L3）。

三级流程（L3）"管理风险"由五个环节构成：风险识别、风险评估、风险应对、风险监测、风险报告，即风险管理运作机制。

风险识别是通过环境因素分析法、标准清单参考法、业务流程分析法、损失事件分析法、头脑风暴法等方法，识别所有影响目标达成的风险。

风险评估是对风险的成因、关联性、发生概率、影响程度等进行评估，将风险进行分类、分级，确定重大风险和一般风险。

风险应对是运用规避、降低、转移、承受中的一种或几种策略，将风险控制在可承受的范围内。

风险监测是持续对各种风险因素和可量化的风险指标进行监测，动态捕捉风险变化趋势，以确保风险敞口可控。

风险报告是及时、准确、完整地传递风险信息，包括从上至下的风险政策、风险偏好和工作部署，以及从下至上汇报关键风险指标、风险敞口、风险方案执行情况等。

风险管理运作机制是风险管理工作的重点，本书将在第4章具体阐述。

3.4 监督机制

3.4.1 三层防线监督

"监督机制"不同于风险管理运作机制中的"风险监测"，风险监测是指承担风险管理主体责任的部门或岗位，对与风险事件相关的内外部环境、交易对手的经营情况、风险指标的变动进行监测。监督机制则是三层防线中后一层监督前一层，确保相关主体在风险管理工作中履职尽责、发挥作用。

为衡量企业的整体风险管理能力，华为引入了风险管理成熟度评估，每年由内控与企业风险管理部和各单位从政策、流程、组织、绩效、IT工具和决策等多维度进行年度自评，财经委员会对自评综合结果进行审议，提出改进建议及进行绩效评估。

3.4.2 子公司董事会监督

华为在全球范围内成立按地区或国家划分的、全资或由集团控股的、具有法人资格的子公司。这些子公司在规定的区域市场充分运用公司资源寻求发展，对利润承担责任。

任正非认为，即使把指挥权交给一线，也要防止一线的人乱打仗，所以监控机制必须及时跟上。除了总部职能部门对子公司的指导和监控，还要在属地建立监督力量，承担综合监督职责的华为子公司董事会应运而生。

子公司董事会由公司投资管理部和子公司董事资源局负责组建，由监事会对子公司董事会直接管理。董事会成员是曾经在管理岗位工作多年，并且值得信赖的资深干部。

华为子公司董事会虽然代表公司在一线进行实地综合监督，但不干预一线业务运作，只是督战队，而不是作战队，通过看风险、看机制来履行监督责任。

3.4.3 监管重装旅监督

1. 什么是监管重装旅

监管重装旅是华为承担监管责任（风险管理、内部控制、审计稽核）的专业化队伍，通过多种场景的训战结合，培养和输出优秀的监管人才，提升公司整体监管能力。

华为认为，简单、有效的监管是经营效率和效益的保障，是对外合规的基础，是公司资金、资产安全的保护伞，是避免堡垒从内部攻破的基石。因此，监管重装旅喊出口号：要打造一支敢于冲锋、骁勇善战、敢于监管、善于监管、具备风险识别能力、监管能力强的综合管理队伍，支撑公司长久、高质量、健康、快速地发展。

美国安然公司事件对任正非影响很大，他曾在内部讲话中说："大家去读读安然的案例，不就是做了一点点假账吗？这么几千亿市值的公司，做了这么一点点假账，它的首席执行官就被判了150年的刑，最后这个公司全垮掉了。我们下决心花了这么大的代价让自己走向合规，就是在我们称霸世界的时候，不要让人家找到一个软肋，一击就把我们击垮了。"[1]

通过监管重装旅训练营，参训人员学习风险管理、流程管控、审计稽核的基本知识和理念，加深对合规经营的理解，从被动监管转变为主动监管，成为既擅长"打粮食"，又能管好自己地盘的领导干部。

企业需要赢得商业成功。监管不是为了监管而监管，也不是为了让团队变成一支无比纯洁的队伍，而是为了威慑，帮助公司沿着既定的政策方针和流程正确前行，避免因为个别人的贪婪葬送整个公司。

2. 监管理念

（1）训战结合，提升综合监管能力。在华为，中、高级干部是监管纲要的重点培训对象。任正非曾说："为什么要搞监管重装旅呢？就是让业务主管来训战赋能，知道什么叫监管。第一，我们要努力，不能惰怠，内控、监管不是阻止速度，流程顺畅了，速度更快嘛！你们看，高铁跑得很快，但没有内控能行吗？高铁流程内控做得很好，从北京直达深圳的列车，一站都不停，一整夜要经过多少监控点，但并没有阻挠它的速度。第二，在审结点实行大部门制，一个部门只有一个审结点。这个审结点是有时限的，过了时限就自动通过，出了事就追究审结点的责任，这样我们才能像高铁一样运行。"[2]

（2）加大曝光力度，建立冷威慑。华为审计的工作方式有个特点，就是在审查的过程中并不是遮遮掩掩，而是可以向各级管理团队开放信息。

华为认为，监管是为了不让人干坏事，如果走漏风声，使人不再干坏事，也达到了目的，并不是一定要逮住人才是目的。同事不是敌人，在被审查期间把问题说清楚，擦干净了，爬起来又前进，还可以"冲上甘岭"去当英雄。审计是为了避免被审查者犯更大的错误。

华为的审计系统一定是善于妥协的系统，通过妥协，形成冷威慑。任正非曾

---

[1] 任正非. 在2014年中子公司董事赋能研讨会上的讲话. 总裁办电邮讲话[2014]074号.
[2] 任正非. 内外合规多打粮，保驾护航赢未来. 总裁办电邮讲话[2017]002号.

说:"用'鸡毛掸子'打一打,干部都是明白人。冷威慑发挥了什么作用?就看公司的投资回报率,看大财务报表。我们公司的干部品质总体是好的,在这基础上,有问题是要抓的,但是要讲究方法,温柔一点。培养一个干部不容易,没有特别恶劣的动机,有些事情教育教育,过去就算了。人力资源委员会要建立起干部处理的原则。"[1]

(3)调动正向力量,促进团结。2013年,在与道德遵从委员会座谈时,任正非说:"我们给主航道的人多肯定,合理评价他们的价值。而对于流到边缘的水、漩涡,多一点宽容,采用平和的方式,别去打击他;只要创造的价值大于成本,职业上是允许的,不是人人都能当将军。"

任正非认为,内部审查不能非友即敌,在'友'和'敌'之间还有很多层次,也不一定非要除恶务尽。还要珍惜干部的政治生命,调查工作要以挽救干部为出发点。随着公司发展逐渐走向正轨,在很多问题上要逐渐增加透明度,不一定要秘密调查。我们是以挽救干部为出发点,不是以整人为目的。

(4)治病救人,坦白从宽。华为做内部审查的目的是"治病救人",公司和各业务部门根据问题性质及改进情况决定该如何任用被审查人。即使有问题的人,也给予他们充分说明、改过自新的机会。改过以后,既往不咎,让人的主观能动性释放出来。

在华为,如果被审查人愿意坦白,可以针对问题进行宽大处理。审查的目的是解决队伍净化的问题,让大家都不敢干坏事,而不是针对人"量刑"。

(5)与被审查人做朋友。对于审查人与被审查人的关系,任正非的理解是:"要站在被审查人的立场来说话,充分理解他们的心情、处境。坚持实事求是。实事求是简单的四个字,做到好难、好难呀!千万不要把被审查人当成敌人,我们还要动员千军万马上战场。处分一个人容易,让一个有过错的员工重新站起来难。历史上有许多大英雄都是曾经有过重大缺陷的,完美的人并不存在。我们对干部,首先要做无罪推定,不能做有罪假定。审查人要与被审查人做朋友,帮助他们找出证据,证明他们没有问题,洗清错误。只有被审查人真正把你

---

1 任正非. 在公司内审调查工作授权及流程优化汇报会上的讲话. 2015.

当朋友，才可能完成审查。"[1]

（6）重事实，重证据，规范监管。华为明确干部审查不容许使用窃听、偷看短信之类的方式，必须通过正当途径获得事实证据，要被审查干部的上级组织集体表决通过，少数服从多数。

任正非在监管重装旅座谈会上曾说："我们知道有些干部不好，可以对这个人有想法，但是要有事实根据。你不能丢了斧子，就怀疑他是偷斧子的人。调查干部一定要有批准程序。调查事实清楚后，把这件事交给人力资源委员会纪律与监察分委会，由他们去处理。"[2]

---

[1] 任正非. 任总在1月董事会上关于审计委员会2014年工作汇报的讲话. 电邮讲话[2015]017号.
[2] 任正非. 任总在监管重装旅座谈会上的讲话. 电邮讲话[2015]060号.

第 4 章

华为风险管理运作机制

不确定性的事情，由精兵组织来应对。确定性的事情，由平台或共享组织来支持与服务。对不确定性的考核是风险的把握；对确定性的考核是效率与效益。[1]

——任正非

4.1 风险识别

《孙子兵法》言：知己知彼，百战不殆。风险管理工作的第一步是全面识别风险，搞清楚企业面临哪些风险，找出风险点，再根据风险点诱因或表现进行分类，形成本企业的风险列表。

在介绍风险识别工作之前，需要厘清两组概念。

第一组概念是风险类别与风险点。例如，企业管理中经常提到的"我们要特别关注战略风险""疫情影响下，我们要特别提防供应链风险"，这里的"战略风险""供应链风险"就是风险类别。通常，每家公司都会根据自身的行业特点和管理模式进行风险分类。

第二组概念是问题和风险点。两者虽有联系，但不等同。问题是确定的，是已经发生的，而风险点是不确定的。风险点管理不当，就会导致问题发生。

---

1 任正非. 埃森哲董事长拜访任正非的会议纪要. 2015.

例如，信用风险存在风险点"因客户信息收集不完备、不准确，可能导致应收账款逾期，产生坏账损失"。如果风险管理不到位，产生了坏账，就成了问题。

4.1.1 风险识别常用方法

企业需要系统地组织和实施风险识别。下面我们结合华为的实践，把风险识别工作归纳为三步。

第一步，由风险管理职能部门或专岗定义风险点，统一描述。风险点应至少涵盖两个要素：风险诱因、直接影响。例如，行业政策调整导致战略规划无法达成；汇率波动导致公司汇兑损失。

第二步，由各职能部门和业务单位识别影响管理目标或经营目标达成的风险点。常用的风险识别方法如下所示。

1. 环境因素分析法

找出影响目标达成的内外部因素。外部因素包括宏观经济形势、产业与金融政策、市场供需、行业及竞争对手情况；内部因素包括组织架构、激励政策、资源匹配等。对于可能影响目标实现的因素，进一步明确直接影响，则是风险点。

2. 标准清单参考法

风险识别最"取巧"的方法就是标准清单参考法。经过近20年的积累和发展，在专业机构、咨询公司和企事业单位的共同努力下，已经形成了各行业相对成熟的风险点清单。企业可对照风险点清单，审视自身是否面临同样的风险，完成风险识别工作。

3. 业务流程分析法

业务流程分析法是对流程的每个环节进行分析，判断哪些环节容易出错，出错后是否有纠偏机制，是否影响流程目标的达成。正所谓"风险从流程中来，回流程中去"。

流程分析法的优点在于能清晰、形象、全面地揭示所有业务环节中的风险。

华为认为，可能影响流程目标达成的风险包括：
- 舞弊。
- 人工和系统操作错误。
- 未经审批的业务交易。
- 流程产生的不准确信息导致错误的管理决策。
- 不遵从华为内部政策/流程和合同义务导致客户不满意而造成损失。

4. 损失事件分析法

前三种方法是正向识别风险，损失事件分析法则是逆向识别风险，对导致损失事件的原因进行全方面分析。需要说明的是，损失不仅仅包括财务损失，也包括声誉、技术、品牌、人才损失；损失事件既包括企业自身遭遇的，也包括同业经历的或情景模拟的。

5. 头脑风暴法

头脑风暴法"自由发言、畅所欲言、任意思考、尽量发挥"的特点，有利于发现常规思路下可能遗漏的风险点，尤其是造成颠覆性事件的风险点，如电力中断、疫情、火灾、政策变化等。

第三步，风险管理职能部门或专岗对汇总的风险事件进行统一梳理，规范语言表述，结构化、体系化，形成全量风险点集。

4.1.2 华为如何开展风险识别

华为每年由内控与企业风险管理部统一安排，组织集团职能部门、业务集团、业务单元、区域、国家子公司开展风险识别工作，更新风险全景图。

1. 从环境识别

华为开展风险识别，首先看环境，包括政治因素、社会因素、法律因素、经济因素、产业因素、技术因素。

政治因素指国际、国内政治局势，国际性政治事件的突发及由此引起的国际关系格局的变化等，包括大选、政变、罢工、战争、经济制裁、战略性物资的囤积等。

社会因素指影响企业经营和发展的相关地区与国家社会文化因素，如宗教信仰、风俗习惯、民族特征、文化传统、居住环境、生活方式、人口年龄结构、传染病的流行等。

法律因素指法律法规、诉讼或仲裁对企业经营的影响，包括有关反垄断、安全生产、环境保护、节能减排、产品质量、知识产权、劳动用工、财税政策等法律法规和市场规则。例如，《中华人民共和国民法典》的颁布对企业生产经营、业务模式可能产生的影响。

经济因素指国内外整体经济发展状况和趋势，如国家经济下行可能导致投资减少、货币政策调整、汇率波动、资本管制、通货膨胀等。

产业因素指影响企业的产业政策、产业规划、产业布局、行业壁垒，以及相关产业的新动态等。

技术因素指影响企业发展前景的科技水平、科技发展趋势、科技创新等。

2. 从业务识别

根据不同业务领域特点选择合适的维度和颗粒度，确定风险识别单元，如按业务模块（研发、采购、供应、交付等），按部门（物料配送部、生产计划部、调度部、核心制造部等）。

3. 从历史识别

华为在进行风险识别时，分析过往的出险事件、损失事件、舆情危机、稽查及审计报告中披露的问题、内部控制评价报告中指出的缺陷；对于同业、友商的风险事件、遭受的违规处罚，认真研究，找出事件原因，同样纳入风险事件予以管理。

各单位对风险事件按战略风险、外部风险、运营风险、财务风险、合规风险进行分类，形成各业务单位的风险全景图，并提交内控与企业风险管理部汇总。

4. 风险归类

华为将风险归纳分类，并根据风险范畴的广度分为三级，分别为L1级、L2级与L3级。

L1级风险的主要目的在于高层和外界沟通，是对风险点的高度概括，均为企业级风险，数量在4~6个，在年度报告、债券发行文件中披露。例如，战略风险、外部风险、运营风险、财务风险等。

L2级风险是对L1级风险的逻辑分解，对每类L2级风险指定一名高级管理者负责管理。例如，华为将L1级的外部风险分解为L2级风险：宏观环境风险、合规风险、贸易风险、自然灾害风险、当地国家风险。

L3级风险是对L2级风险的进一步分解，如自然灾害风险就可分解为地震风险、火灾风险、疫情风险、洪灾风险等。

4.2 风险评估

4.2.1 风险评估常用方法

风险评估是采用定性或定量的方法，对风险发生的可能性和影响程度进行评级打分，以对风险重要性进行排序。风险评估方法很多，国家标准《风险管理 风险评估技术》（GB/T 27921—2011）介绍了32种风险评估方法。在企业的风险管理实践中，风险评估工作讲究易懂、易操作、易推广，因此结合华为实践，本书介绍几种易于理解、常用、好用的风险评估方法，包括情景分析法、问卷调查法、敏感性分析法、压力测试法及风险价值法。

1. 情景分析法

情景分析法也称场景分析法或案例分析法，是推演特定情景下风险因素对目标达成情况的影响。特定情景既可能是单一事件，如经济下行、发生火灾、政策调整；也可能是复杂情景，如关键技术突破对行业发展的影响、消费者需求变化，以及产品销售收入和利润变化。

在实际操作中，企业通常按照以下三种情景分析预测风险指标，进而评估风险：

- 乐观情景，即内外部环境都有利的情景。
- 悲观情景，即内外部环境都不利的情景。

- 中性情景，即正常环境，通常也是可能性最大的情景。

例如，在战略风险评估中，未来宏观经济增速对战略目标的达成有直接影响，就可预计未来经济发展速度的各种情景（如快速增长、适度增长、缓慢增长），评估不同情景的发生概率，以及对战略目标的影响程度。

在情景的构建过程中，需要明确以下要素：

- 情景名称。
- 情景描述。
- 情景所属产品线及事件类型。
- 情景可能造成的损失类型及驱动因素。

情景分析法可以帮助推演各种风险因素发生的影响；确定风险的影响范围，是全局性还是局部性影响；分析风险对目标的影响程度；对各种情景比较分析，选择最佳结果。

2. 问卷调查法

问卷调查法是围绕某一主题或问题，征询相关人员意见和建议的调查方法。在风险评估工作中，是向被调查对象发放问卷，以评估各类风险的发生可能性和影响程度。

问卷调查法有以下优点：

- 节省时间、经费和人力。
- 调查结果容易量化。
- 调查结果便于统计处理与分析。

问卷设计是问卷调查能否成功的关键。一份好的问卷，既能让被调查者乐于回答，也能获取不同视角及第一手信息。

3. 敏感性分析法

敏感性分析法是指从众多不确定性因素中找出对目标有重要影响的敏感性因素，并分析、测算其对目标的影响程度和敏感程度。通过敏感性分析，找出影响最大、最敏感的因素，进一步分析、预测或估算其影响程度，找出不确定性的根源，采取相应的有效措施。

只有一个因素变动而其他因素保持不变的敏感性分析法，称为单因素敏感性分析法。经营管理实践中，更大可能是两个或两个以上的不确定因素同时变动，此时单因素敏感性分析法就很难准确反映项目承担风险的状况，因此需进行多因素敏感性分析。

下面以找出对利润目标影响最大的因素为例，介绍敏感性分析步骤。

第一，筛选出影响因素，如与利润相关的因素包括销量、售价、原材料价格、期间费用等。

第二，确定影响因素的区间及分布。

第三，进行敏感性分析。通过Excel或水晶球等简易数理统计软件，模拟1 000次，得出不同变量组合对目标的影响。

第四，计算出每个因素的敏感性系数，绘制敏感性分析图。

4. 压力测试法

压力测试用于分析极端事件对企业整体或某一部分的冲击程度。

压力测试最早应用于工程建造领域，如桥梁、水坝建设等，是极其重要的安全保障措施。金融投资领域也较早地应用压力测试进行风险管理，如假设利率骤升100个基本点，某一货币突然贬值30%，股价暴跌20%等异常的市场变化，测试金融机构的资产组合在这些关键市场变量突变的压力下的表现，判断其是否能经受得起市场的突变。

下面以企业对流动性风险进行压力测试为例，介绍压力测试的步骤。

第一，建立压力测试模型。以触发企业流动性风险的因素为自变量，以未来一段时间的净现金流为因变量，采用现金流压力测试法建立测试模型，通过考察流动性缺口对现金流量的影响进行测试。

影响企业流动性的因素包括资产变现能力、经营性现金流回款能力、再融资能力等，选取流动比率和现金流缺口作为承压分析指标。

$$流动比率=流动资产/流动负债$$

现金流缺口=某期间特定情景下的现金流入−该期间特定情景下的现金流出

第二，设定压力情景。为确保企业正常运转，现金流出更为刚性，包括偿还借款、支付货款、发放工资、支付房租等；现金流入则面临更多的不确定性，因此在设定压力情景时，更多考虑现金流入的压力情景。例如，银行借款到期，银行不再授信续贷；应收账款无法按期收回或回款比例不及预期，可以设定轻度压力情景下回款比率为90%，中度压力情景下回款比率为80%，重度压力情景下回款比率为70%。

第三，设置行动计划。当压力测试结果超出警戒值时，应制订风险应对方案，包括但不限于：

- 减少有关业务的风险敞口。
- 对有关风险敞口进行对冲。
- 重新评估融资政策及负债结构，应对可能出现的流动性紧缺。

5. 风险价值法

风险价值（Value at Risk，VaR）是指在某一时期内给定置信区间的最大预期损失。风险价值法适用于评估市场风险，如大宗商品价格、利率、汇率的变动对利润的影响。

应用风险价值法需要统计学工具，目前主要采用三种方法计算VaR。

（1）历史模拟法。历史模拟法是借助过去一段时间内资产组合风险收益的频度分布，通过找到历史上一段时间内的平均收益，以及在既定置信水平 α 下的最低收益率，计算资产组合的VaR。

（2）方差—协方差法。方差—协方差法同样运用历史资料，计算资产组合的VaR。其基本思路为：首先，利用历史数据计算资产组合收益的方差、标准差、协方差；其次，假定资产组合收益是正态分布，可求出在一定置信水平下，反映分布偏离均值程度的临界值；最后，建立与风险损失的联系，计算VaR。

（3）蒙特卡罗法。蒙特卡罗法基于历史数据和既定分布假定的参数特征，借助随机数据模拟出大量的资产组合收益的数值，计算VaR。

4.2.2 华为如何开展风险评估

不同的风险评估方法是否适用于所有风险？怎么才能有统一标尺对风险进

行排序？对于有很多经营单元或子公司的集团，集团整体的重大风险与下属单位的重大风险是什么关系？下属单位的重大风险加总后是否就是集团整体的重大风险？以下借鉴华为的做法，介绍实践中如何开展风险评估。

各单位对自身面临的风险在未来一年的时间周期内，从发生可能性（见表4-1）、影响程度（见表4-2）两个维度进行分析并评分。

表4-1　发生可能性评分标准（示例）

对应评分	1	2	3	4	5
一定时期发生的概率	10%以下	10%~30%	30%~70%	70%~90%	90%以上
定性描述一	一般不发生	极少发生	某些时候发生	较多时候发生	常常发生
定性描述二	今后10年内可能发生不到1次	今后5~10年可能发生1次	今后2~5年可能发生1次	今后1年内可能发生1次	今后1年内至少发生1次

表4-2　影响程度评分标准（示例）

对应评分	1	2	3	4	5
客户服务影响	影响2%的客户服务质量	影响5%的客户服务质量	影响10%的客户服务质量	影响20%的客户服务质量	影响30%的客户服务质量
财务影响	税前利润的1%以下	税前利润的1%~2%	税前利润的2%~3%	税前利润的3%~5%	税前利润的5%以上
经营影响	对经营有轻微影响	对经营有较小影响	对经营有中等影响	对经营有较大影响	对经营有重大影响
声誉影响	负面消息在公司内部流传	负面消息被自媒体关注	负面消息被地方媒体报道	负面消息被全国性媒体报道	负面消息被全国性媒体报道，引起监管部门关注

风险评估责任主体进行风险评分后，通过风险地图形象展示风险分级。风险地图中横轴代表发生可能性，纵轴代表风险影响程度，在对每类风险的发生可能性和影响程度评分后，根据分值在地图中找到该风险的坐标。

风险地图通常分为三个区域，如图4-1所示。区域划分依据为风险程度，即风险影响程度和风险发生可能性的分值相乘。以5分制为例，风险程度在15分（含）以上为高风险，6（含）~15分为中风险，6分以下为低风险。

第4章 华为风险管理运作机制

高	很高	5	中	中	高	高	高
	较高	4	中	中	中	高	高
中	中	3	低	中	中	中	高
低	较低	2	低	低	中	中	中
	很低	1	低	低	低	中	中
风险影响程度			1	2	3	4	5
			很低	较低	中	较高	很高
风险发生可能性			低		中		高

图4-1　风险地图（示例）

在企业层级，由于风险之间存在相互作用，因此整体风险并不等于部分风险简单加总，需要首先将相互关联的风险统筹考虑，形成组合，然后分派给责任人。华为采用风险交互矩阵呈现风险的相互作用，如图4-2所示。

风险	供应链中断	客户偏好改变	铜价上涨≥25%	停工超过一周	经济衰退	供应链整合	当地竞争者进入市场	可获得的新型替代品	资本成本增加≥5%	更严格的排放要求	违反FCPA	汇率波动
供应链中断			✕	✕	✕	✕	✕					
客户偏好改变					✕		✕					
铜价上涨≥25%	✕				✕	✕						✕
停工超过一周	✕				✕					✕		
经济衰退	✕	✕	✕	✕			✕					✕
供应链整合	✕											
当地竞争者进入市场	✕	✕										✕
可获得的新型替代品		✕			✕				✕			
资本成本增加≥5%					✕	✕						✕
更严格的排放要求		✕					✕					
违反FCPA				✕								
汇率波动		✕	✕		✕		✕		✕			

图4-2　风险交互矩阵（示例）

华为并不是简单地加总各领域、各单位的风险评估结果，也会站在全集团的视角思考：

- 企业最担心什么？
- 对经营业绩冲击最大的风险是什么？
- 最难管好的领域是什么？
- 历史上曾经发生的重大风险事件有哪些？

然后评估整体风险，形成风险地图，上报财经委员会审议。

跨领域、根因复杂的企业级风险，由财经委员会批准立项，开展深度风险分析工作，由内控与企业风险管理部协助风险领导人，组织相关业务部门成立深度风险分析项目组，分析风险根因，形成应对方案。

华为认为，对公司发展有重大影响的风险包括战略风险、当地国家风险、合规风险（贸易合规、金融合规、反商业贿赂合规）、财务风险（流动性风险、汇率风险、利率风险、信用风险、销售融资风险），以及业务连续性风险。

4.3 风险应对

风险应对是采取有效措施降低风险事件发生的可能性，或者把损失控制在一定范围内，做到风险可知、可控、可承受，这是风险管理的核心工作。

针对每类风险，风险应对的方法并不相同，既有普遍认同的必选手段，也有不同企业的特色手段。例如，在战略风险管理中，对经济趋势和行业政策充分研判，以降低战略方向错误发生的可能性；运用成熟战略管理方法论，确保战略制定、解码、执行和评估有章法，用确定的方法提高达成目标的可能性；在合规风险管理中，通过建立举报监督、问责处罚机制，形成威慑，降低舞弊发生的可能性。

在选择风险应对策略时，企业会考虑风险本身的特征，以及企业的风险偏好和承受力。对于纯粹风险，如合规风险、安全健康环保风险等，绝大多数企业零容忍；对于机会风险，如信用风险、投资风险等，企业愿意承担一定的损失风险，以获取收益。

在组织分工上，出于各类风险管理的专业性，风险应对方案的制订和实施主体是该风险的主责部门。例如，战略风险在战略管理部门，财务风险在财务管理部门，供应链风险在采购管理部门，信用风险在风险管理部门。

风险应对的方法从实施效果上分为四类，即风险规避、风险降低、风险转移、风险接受。形象地讲，风险规避是绕着风险走，"惹不起躲得起"；风险降低是躲不开风险，但希望降低风险发生的可能性或减少损失，如决策前充分论证、不相容岗位分离；风险转移是"花钱消灾"，别人来承担损失，如保险；风险接受是"风风雨雨自己扛"，前提是自己扛得住。

1. **风险规避**

风险规避常见措施如下：

- 通过公司政策、限制性标准、市场禁入，阻止高风险经营活动、交易行为发生。
- 通过撤出现有市场或区域，或者通过出售、清算、剥离某个产品组合或业务，规避风险。

2. **风险降低**

风险降低常见措施如下：

- 将金融资产、实物资产或信息资产分散于不同地方，以降低遭受灾难性损失的风险。
- 与多个供应商合作，保证关键时期的原材料供给。
- 集体决策，降低决策错误率。
- 规范业务流程，通过内部制衡、授权管理、监督机制降低风险。

3. **风险转移**

风险转移常见措施如下：

- 应收账款保理。

- 票据贴现。
- 购买保险。
- 与有实力的公司合作，优势互补，或者共同投资。

4. 风险接受

风险接受常见措施如下：

- 对产品和服务重新定价，从而补偿风险成本。
- 通过合理设计的组合工具抵消风险。

不同的风险有不同的策略，在制订应对方案时，可能选择某一类或几类方法。以信用风险管理为例，华为采用了全部四种方法：

- 风险规避——对新客户进行资信评估，对高风险客户拒绝授信。
- 风险降低——控制客户风险敞口，监测风险指标和客户经营情况，设置对赌条款。
- 风险转移——通过购买保险（信保）或保理、福费廷等方式转移信用风险。
- 风险接受——计提拨备，坏账核销。

为有效应对风险，华为非常重视内部控制体系建设。严格的流程体系落地实施，对于降低风险、提高效率、杜绝极端事件发生，起到了"压舱石"作用。作为风险管理的重要组成部分，本书第5章将重点介绍华为内部控制体系。

4.4 风险监测

风险监测指企业持续对各种风险因素和关键风险指标进行监测，动态捕捉风险变化趋势，跟踪分析风险状况。

企业应及时、全面收集各类风险信息，方法如图4-3所示。

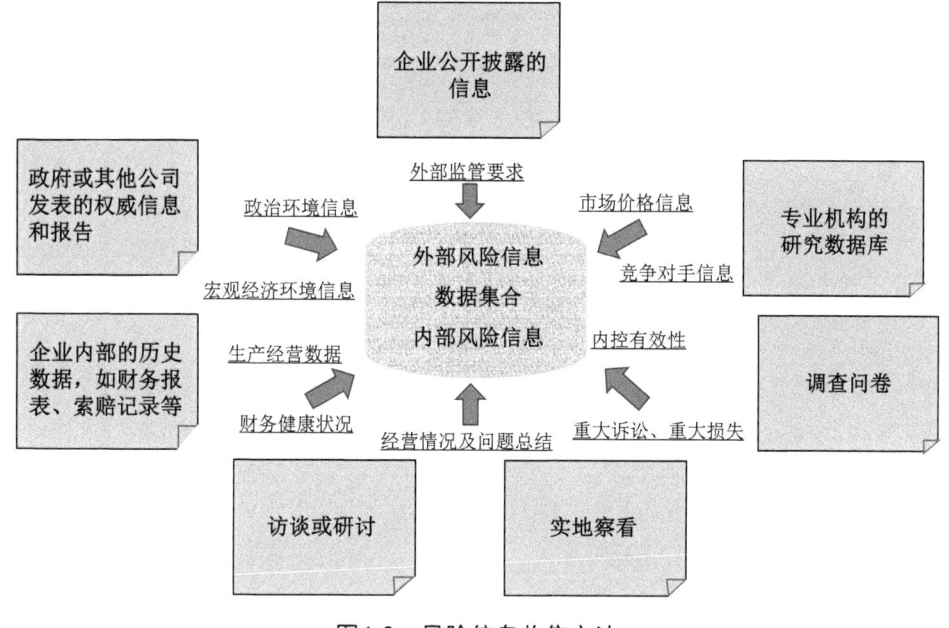

图4-3 风险信息收集方法

1. 关键风险指标设计

关键风险指标（Key Risk Indicators，KRI）指通过定量指标来测评风险暴露和风险应对策略的有效性。在华为，关键风险指标由风险责任人制定，并得到风险领导人审批。华为提倡采用现有管理体系的指标作为关键风险指标。

关键风险指标的源数据可来自内部和外部。内部数据包括管理数据、业务数据、财务数据；外部数据则包括政府官方统计数据、行业研究报告、市场数据、第三方数据等。

关键风险指标应具备以下属性，如图4-4所示。

2. 关键风险指标阈值

关键风险指标要设定阈值，即安全值、关注值、预警值。常用的阈值设定方法为：

- 观察关键风险指标数值历史趋势。
- 采纳专家、管理人员的专业判断。

- 对标行业标准、同业数据。
- 考量关键风险指标数值的变动与实际业务表现的关系。

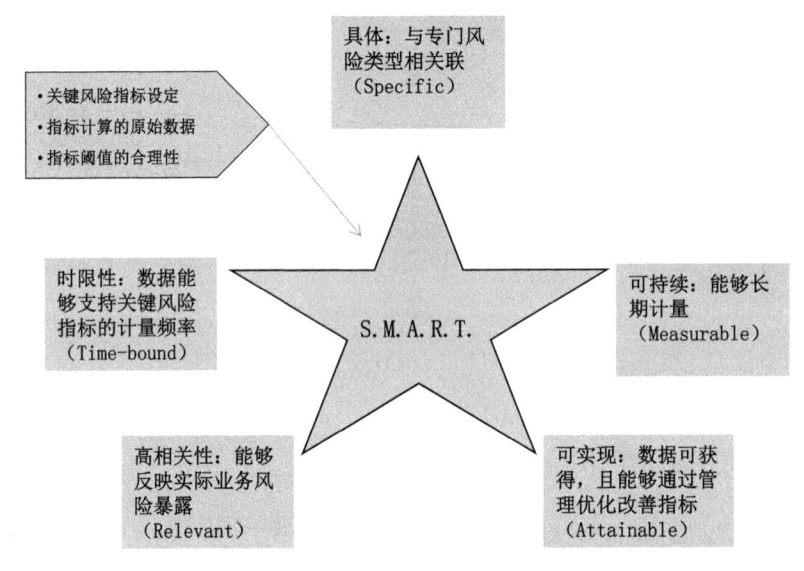

- 关键风险指标设定
- 指标计算的原始数据
- 指标阈值的合理性

具体：与专门风险类型相关联（Specific）

时限性：数据能够支持关键风险指标的计量频率（Time-bound）

S.M.A.R.T.

可持续：能够长期计量（Measurable）

高相关性：能够反映实际业务风险暴露（Relevant）

可实现：数据可获得，且能够通过管理优化改善指标（Attainable）

图4-4　关键风险指标应具备的属性

以华为信用风险管理的关键风险指标之一——预计客户额度占用率（Y2）为例，该指标表征因客户信用额度变化导致的超额度收入被扣减的风险敞口，计算公式为：

预计客户额度占用率（Y2）=（累计客户应收账款类收入+上月超额度递延收入金额+预测本月客户新增收入金额−预测本月客户新增回款金额）/（信用额度+风险退出金额）×100%

Y2>100%，为高度预警；100%>Y2>70%，为中度预警；Y2<70%，则不预警。

风险管理责任主体需对关键风险指标按既定的频率收集数据，开展监控和分析，关注突破阈值的关键风险指标，及时启动相关调查程序，以判断是否需要优化或调整风险应对方案。

对于可通过信息系统获取源数据并进行计算的关键风险指标，华为采用信息化手段进行管理，可对突破阈值或趋势恶化的指标纵向钻取，逐层打开，发现根因。

4.5 风险报告

建立一套全覆盖、时效快的风险报告机制，是做好风险管理工作的助推器。风险管理工作涉及面广，信息量大，既有按部就班的常规工作，也有突发性临时事件。对于常规工作，风险报告要求全面、准确、突出重点；对于突发性临时事件，风险信息则应快速、精准地传递至决策层，迅速响应，做出部署。

华为针对每类风险管理都制定了报告机制。例如，合规风险管理，既有定期的合规风险报告，也针对合规风险事件如贸易合规、知识产权、诉讼仲裁等建立了专项汇报机制，根据风险事件大小，有不同的汇报时限、汇报对象、汇报内容要求。

在此就普遍性的定期风险报告机制简要介绍华为的实践。华为的定期报告分为年度/半年度正式报告和财经条线季度报告。

1. 年度/半年度正式报告

每年度/半年度，内控与企业风险管理部统筹形成公司的风险管理报告，内容包括公司风险管理组织建设、风险识别情况（风险全景图）、风险评估情况（风险地图）、风险管理目标及规划、重大风险应对情况、各单位风险测评结果。

报告提交公司经营管理团队（Executive Management Team，EMT）、董事会财经委员会、审计委员会审议。

例如，2019年，华为审计委员会审议了公司风险控制（含内控和合规建设等）、风险控制所有者组织建设、各地区部风险控制目标及规划、大中华终端业务部、终端芯片业务部等的风险控制目标及规划等议题。

以某地区部风险管理报告为例，架构和内容如图4-5所示。

> 一、风险识别与评估
> 1. 风险全景图（风险、风险等级、成因）
> 2. 现阶段重点管控风险（风险描述、趋势）
> 本期有/无高风险事项，识别以下×类跨流程的中风险事项，予以重点改进。
>
> | 业务领域 | 风险事项 | 剩余风险等级 | 风险描述及趋势 |
> | --- | --- | --- | --- |
> | 财经、售前 | 合同资产资金占用应收资产损失的风险 | 中 | 1. 收入确认后未及时开票，导致合同资产余额上升，增加资金占用成本，目前风险敞口呈上升趋势
2. 客户原因，前后端流程问题导致的逾期欠款风险 |
> | 渠道、售前、财经 | 财经解决方案质量风险 | 中 | 渠道准入和退出线下评审，控制有效性较弱，存在评审遗漏的风险 |
>
> 二、业务目标达成（指标、目标、达成分析）
> 三、内部控制评估结果概述（SACA内容）
> 四、风险应对举措（风险控制措施、责任人、完成时间）
> 五、风险预判
> 举例：如英国与欧洲联盟脱欧协议通过，该事件预计带来两方面的影响。一方面，英镑兑欧元和美元的汇率波动，影响子公司财报利润；另一方面，在流转税上，英国与其他欧盟国家的贸易可能被视为进出口贸易，在税则、税率和发票等管理上可能存在变化。
> 影响领域：汇率波动风险、税务风险。
> 六、下一步内控与风险管理工作重点

图4-5　某地区部风险管理报告（示例）

2. 财经条线季度报告

每季度，各业务集团、业务单元、区域、代表处的财经条线举行风险会议，风险责任人汇报本季度风险管理工作情况，包括流程遵从性自评结果、各项风险管理进展、蓝军审视项目、专项风险审视。

这些报告既可以让公司各级管理层了解风险管理进展，也可以促进相关风险主体提高对风险的重视程度，提高风险责任意识。

以某地区部财经条线风险报告为例，架构和内容如图4-6所示。

一、评估概述

本期识别风险51个，中/低风险占比××%，高风险（场景）××个，均已制定应对措施，整体风险可控。通过建设风控大屏、明确高风险场景财务总监作业指引、夯实财报内控协同机制等，持续提升风控管理效率和效果。

二、风险管理

1．风险识别与评估（风险清单、风险高中低、风险地图分布）

2．高风险场景（风险场景的容忍度目标及指标值）

序号	高风险场景	是否涉及财务报告	容忍度目标	进　度
1	渠道收入对价评估不及时、不准确	涉及	财报错报金额收入＜0.65%	20××年1—11月第三方发现的错报比例0.54%
2	税务风险评估不及时、不准确	涉及	财报错报金额收入＜0.54%	20××年1—11月第三方发现的错报比例0.5%

三、控制管理

1．整体控制有效性

（1）财报内控测评。

（2）流程内控审视：8个流程中有5个流程通过KCP进行控制，执行遵从率均为90%以上。

2．关键控制缺陷

通过财报内控及流程内控审视，存在关键控制缺陷的问题均识别为高风险（场景）。

流程	高风险（场景）	控制缺陷	应对方案
××	×××	已明确收入合规要求并建立渠道收入评估流程，但需完善	发布《企业业务收入合规管理规定》，不再使用××项目部部长确认函

3．非接触式控制（KRI方案及上线情况）

四、自我管理

五、高风险（场景）改进计划

序号	风险事项	风险关闭标准	责任人	完成时间
1	渠道收入对价评估流程不及时、不准确	1．刷新渠道收入对价评估流程 2．财报错报金额/收入≤0.65%	××	20××年7月

六、后续重点工作

图4-6　某地区部财经条线风险报告（示例）

4.6　风险管理运作机制成熟度标准

华为开发了风险管理运作机制成熟度标准，将风险识别与评估、风险分析、风险应对、测评指标、风险监测与报告等环节的管理水平分为五级，级别越高则成熟度越高，管理越好。

1. 风险识别与评估

一级：缺乏科学有效的风险识别与评估方法和工具；在个别领域实施了风险识别与评估，但不系统。

二级：已开发科学有效的风险识别与评估方法和工具，如风险地图、量化风险评估等；在集团层面已形成初步的企业级风险地图；部分领域已识别、评估该领域的重大风险。

三级：已开发科学有效的风险识别和评估方法和工具，如风险地图、量化风险评估等，并在风险管理中得到有效应用；在集团层面已形成正式的企业级风险地图，每年度定期回顾刷新；各业务集团/业务单元/区域/国家公司定期识别该领域的重大风险。

四级：已开发科学有效的风险识别与评估方法和工具，并根据需要不断优化，提升有效性；在集团层面已形成正式的企业级风险地图，并通过融入企业战略规划流程实现例行化管理；各业务集团/业务单元/区域/国家公司定期识别、评估该领域的重大风险，并通过融入各领域战略规划流程实现例行化管理。

五级：风险识别与评估方法和工具已成为业界最佳实践，并被跨行业引用；企业风险地图作为企业战略的一部分，已被管理层广泛接受和应用；各业务集团/业务单元/区域/国家公司形成各领域的风险地图，并成为业务管理者的重要管理工具之一。

2. 风险分析

一级：缺乏科学有效的风险分析方法与工具；偶尔、非正式地开展了风险分析工作，但不系统。

二级：已开发科学有效的风险分析方法与工具，如根因分析等，但未全面应用；对个别重大风险进行了风险分析；使用数据分析方法协助分析已知风险的各项因素。

三级：已开发科学有效的风险分析方法与工具，如根因分析等，并在实际中应用，其有效性得到验证；对重大风险进行了风险分析；使用多种数据分析方法协助分析风险因素。

四级：形成系统化风险分析的方法与工具，并不断完善；对所有重大风险进行风险分析（如根因分析）；使用统一的数据分析方法开展风险评估活动。

五级：形成系统化风险分析的方法与工具，不断完善并成为行业标杆；将风险进行分类，按照风险的影响进行资源分配；持续使用复杂的商业分析方法对数据偏差进行定期监控，寻找风险中蕴藏的机会。

3. 风险应对

一级：未明确风险责任人，部分形成风险应对方案、行动计划；对于企业级风险未明确风险领导人和管控组织。

二级：明确了风险责任人，部分形成风险应对方案、行动计划；对于企业级风险明确了风险领导人和管控组织，但未常态化运作。

三级：明确了风险责任人，全部形成风险应对方案、行动计划；对于企业级风险任命了风险领导人和管控组织，并常态化运作。

四级：明确了风险责任人，全部形成风险应对方案、行动计划，并有效执行；企业级风险领导人领导各部门高效工作。

五级：明确了风险责任人，全部形成风险应对方案、行动计划，并有效执行；企业级风险领导人领导各部门有效工作，并能随外界情况变化及时调整。

4. 测评指标

一级：未建立关键风险指标；关键风险指标未与相关责任人的考评挂钩。

二级：建立个别关键风险指标；仅有的关键风险指标与相关责任人的考评挂钩。

三级：普遍使用关键风险指标监测重大风险变化；关键风险指标与企业目标紧密结合；关键风险指标普遍与相关责任人的考评挂钩。

四级：企业范围内广泛使用成熟的关键风险指标，关键风险指标与企业战略规划和年度计划结合；关键风险指标全面与相关责任人的考评挂钩，其有效性（对风险管理提升的正向牵引作用）获得验证。

五级：重大风险例行使用关键风险指标测评，关键风险指标提供历史数据分析、极限分析和预测分析；关键风险指标与企业战略规划和年度计划结合；关键风险指标随法规、市场或内部控制情况变化；关键风险指标全面与相关责任人的考评挂钩，并按风险发展变化适时调整。

5. 风险监测与报告

一级：对风险应对计划缺乏有效监控；没有正式的风险管理报告；缺乏风险信息的有效分享和传递。

二级：对风险应对计划有不定期监控；对风险管理活动执行有效性偶尔报告；部分风险信息在风险管理相关人员内部共享。

三级：风险应对计划得到了定期监控；对风险管理活动执行的有效性进行了报告；风险数据和分析与风险责任人分享。

四级：风险应对计划得到了定期监控和报告，有反馈循环帮助提高对风险的理解和对风险活动的修正；风险责任人与相关人员分享风险数据及分析结果。

五级：管理层使用业务智能工具（如仪表盘）能及时通过风险要素和指标监控风险状况；风险数据和分析对整个价值链（如供应商、业务伙伴、客户）及监管部门和投资者透明。

4.7 IPD流程中的风险管理

集成产品开发流程（Integrated Product Development，IPD）是华为最早进行变革的核心一级流程。本节将以此为例，具体介绍如何将风险管理嵌入经营管理活动。

4.7.1 IPD流程中的风险管理责任分工

为了避免仅依靠"英雄个人"及团队拼搏偶然开发出好产品，华为在IBM公司的指导下梳理固化了IPD流程，保障公司制度性、体系化地持续推出有竞争力的产品和解决方案。

IPD流程分为六个阶段：概念、计划、开发、验证、发布、生命周期管理。集成组合管理团队（Integrated Portfolio Management Team，IPMT）与产品研发团

(Product Development Team，PDT)在IPD流程中承担着关键角色。

IPMT是代表公司对某产品线的投资损益及商业成功负责的跨部门团队，成员包括产品线总裁、产品线市场主管、全球技术支援代表、产品线运作质量主管、产品线研发主管、产品线销售支持主管、制造代表、财务代表等。

IPMT组建PDT，任命PDT经理。PDT成员来自市场、开发、制造、采购、财务和用户服务等部门。PDT是跨职能部门的团队。PDT经理是产品开发团队的负责人，也是风险责任人，组织产品开发过程的风险识别、评估、应对和跟踪解决。PDT的风险管理角色及职责如表4-3所示。

表4-3 PDT的风险管理角色及职责

岗　　位	风险管理角色	职　　责
PDT 经理	风险责任人	1．开发过程风险的第一责任人 2．组织风险识别 3．根据风险等级分配、落实风险管理资源 4．跟踪风险的应对情况，并在必要时给予协助、指导
项目操作员	风险管理员	1．收集、整理、反馈新识别的风险 2．组织风险评估 3．根据评审结论填写风险跟踪单 4．跟踪风险应对计划的执行情况 5．在例会上组织风险跟踪的例行检查和汇报
项目组所有成员或与项目有关的人员	风险提出人	1．在工作中及时识别、分析和评估新识别的风险，并按照格式反馈 2．对于紧急风险，风险提出人需要和风险责任人（各级项目经理）一起确定风险的响应计划并监督计划的实施
PDT 经理和项目成员	风险行动责任人	1．制订并实施风险的响应计划 2．定期更新风险跟踪表单，以反馈风险进展或记录风险相关信息 3．在例会上反馈风险进展，共同讨论、更新风险应对计划

4.7.2　IPD流程中的风险管理运作机制

1．风险识别

华为IPD流程风险的识别主要采用流程分析法，并结合业务特点和内外部环境等因素，在概念、计划、开发、验证、发布和生命周期管理各环节明确目标和关注点（见表4-4），分析影响目标达成的不确定因素，识别风险点，记录到项目文档中。

表4-4　IPD流程中各环节的目标和关注点

环　节	目　　标	关　注　点
1. 概念	快速评估产品机会的总体吸引力及是否符合公司总体策略	分析市场机会，确定一个最优实现方案或框架概念，关注财务结果、成功理由及风险
2. 计划	清晰地定义产品及竞争优势，理解业务计划，制订项目和资源计划，确保可以合理地管理风险	编制业务计划、项目计划、生命周期计划，若计划得到批准，PDT将与IPMT签署协议，PDT得到授权
3. 开发	设计产品	准备和构建产品原型；开发产品，确保产品的可制造性，并将风险控制在可接受水平
4. 验证	验证产品，发布最终的产品规格和相关文档	确保产品在市场上成功；确保产品功能满足要求；确保制造准备就绪
5. 发布	发布产品并制造足够数量的合格产品	评估市场发布计划并进行必要的修改；对制造准备计划进行验证
6. 生命周期管理	在产品稳定生产到退市期间对产品进行管理	监控生产、销售、服务和技术支持、质量和业务表现，以使利润和客户满意度达到最佳状态；收集内外部信息，制定产品过渡/替换策略；进行产品终止决策和管理

以概念环节为例，其工作目标是快速评估产品机会的总体吸引力及是否符合公司总体策略，确保产品需求清晰、贴近客户需求、有市场竞争力。

概念环节的风险点举例如下所示：

- 投入研发的产品商业价值低，未对市场容量进行有效预测。
- 需求理解不充分、不准确，导致产品的性能指标不能满足需求。
- 立项过程未综合考虑多方面因素，缺乏全局性，导致开发的产品不具有长期竞争力。
- 缺乏对产品开发过程中涉及的知识产权、技术卡点的预先评估，导致后续开发过程受阻。

2. 风险评估

经过多年运行，IPD流程积累了大量案例和数据，这既是风险识别的宝贵资源，也是做好风险评估的重要依据。可以通过对案例和数据的分析，得出技术方法、时间计划、外部依赖因素处在什么状态时，有多大可能导致风险发生，风险发生后，对开发成本、开发周期的影响是否可接受，进而设定风险发生可能性和风险影响程度的评估标准，如表4-5和表4-6所示。

表4-5 风险发生可能性评估标准

发生可能性	评估标准	举例
高	大于70%，而且很难控制	1. 技术方法没有进行仿真或试验，无应用经验 2. 计划未留有管理余量 3. 存在关键的外部依赖因素
中	30%~70%，很难完全控制	1. 技术方法经验有限 2. 计划基于一定的经验，留有少量管理余量 3. 存在一些重要的外部依赖因素
低	小于30%，需要一定的关注	1. 技术方法在以前的项目中有所应用，设计基于已被验证的方法 2. 计划基于直接的相关经验，留有足够的管理余量 3. 依赖因素可控

表4-6 风险影响程度评估标准

项目目标	高影响	中影响	低影响
整体概述	对质量、进度、成本等产生很大的影响，需要对各种风险因素进行严格控制并采取措施	对质量、进度、成本等产生一定的影响，需要对各种风险因素进行预防和控制	对质量、进度、成本等只有很小的影响，只需要比较少的关注
质量	项目重要的度量指标在基线控制之外，远不能达到既定的质量或功能	项目的部分度量指标在基线控制之外，对既定的目标或功能有一定影响，但在整个系统中可控	项目的少数度量指标在基线控制之外，对既定的质量或功能影响很小
成本	成本增加大于10%	成本增加在5%~10%	成本增加小于5%
进度	项目整体延迟大于20%	项目整体延迟在10%~20%	项目整体延迟小于10%

以风险点"需求理解不充分、不准确，导致产品的性能指标不能满足需求"为例。华为通过案例统计，认为如果不加以控制，那么发生可能性为中，一旦发生，对进度和成本则是高影响，当期造成开发资源浪费，短期不能满足客户需求，中长期影响产品线整体竞争力。

风险评估完成后，形成评估报告，提交PDT经理、IPMT逐级审查。针对中高风险，确定风险责任人，制订风险应对方案。

3. 风险应对

风险应对方案应包括以下要素：

- 风险应对策略（规避、降低、转移、承受）。
- 已识别风险是否在可控范围。
- 是否有明确风险责任人。
- 是否有明确监控点、监控周期。
- 是否考虑风险应对成本，是否可接受。

例如，针对需求不充分的风险，华为通过执行需求流程、市场管理流程、预测流程，并进行概念论证，充分分析内外部环境，规范化管理需求文档，在流程中采用职责分离、授权及审批、清单检查、版本控制、报告评审等措施，以应对风险。

（1）需求流程。为规范需求管理，华为明确了几条原则：

- 需求承诺的接收主体是需求管理团队，PDT无权接受行销体系、销售体系、技术服务体系直接反馈的需求。
- 所有需求承诺必须录入客户需求/承诺电子流，以规范的方式传递给需求管理团队，邮件、电话、传真等方式只可以作为必要的沟通手段。
- 所有需求的对外答复必须以面向市场发布的产品功能清单（也包括市场技术指导书、业务签单附件等）为基础，对于产品功能清单未包括的需求，必须经过需求管理团队给出答复口径，才能对外答复和承诺。

客户需求/承诺电子流是自上而下也是自下而上的流程。先由各产品线和地区部的需求管理团队汇总需求来源，包括外部（客户提出、友商竞品、展览或出版物的信息）和内部（产品开发团队，用户服务、预研、市场、研发部门）。在电子流中录入客户需求，经需求管理团队负责人预审后，提交至需求分析团队对需求进行过滤、检视、分析，剔除不合理需求，对建议采纳的需求分类排序，需求管理团队组织需求评审。需求通过后，交由客户确认，之后进入市场管理流程。

（2）市场管理流程。市场管理流程运用严格、规范的方法对市场走势及客户需求进行分析，创建合理的市场细分规则，对拟投资和希望取得市场领先地位的产品和细分市场进行选择和优先排序，设定可执行的业务活动。

市场管理流程分为了解市场、进行市场细分、进行组合分析、制定业务战略与计划、融合和优化业务计划、管理和评估业务计划等环节，每个环节的要点如表4-7所示。

表4-7 市场管理流程环节及要点

环　节	要　点
了解市场	• 设定愿景、使命和目标 • 驱动对市场的分析 • 确定潜在的机会目标
进行市场细分	• 确定市场细分结构 • 确定初步的目标细分市场
进行组合分析	• 直接竞争分析 • 选择投资机会并排序 • 审视战略定位 • 审视财务分析 • 审视差距分析 • 确定业务设计
制定业务战略与计划	• 确定产品线业务策略和目标 • 制定目标细分市场策略和计划 • 制定产品线产品路标
融合和优化业务计划	• 确保业务计划与其他部门的协调配合 • 对业务计划做出承诺
管理和评估业务计划	• 确保执行的业务计划 • 根据计划评估表现 • 需要时改变业务计划

市场管理流程的主要输出是业务计划，业务计划由五部分组成：了解/洞察市场（环境、价值、竞争对手、客户），组合分析和整体策略（组合分析、愿景/目标/目的、整体策略和基本原理），业务计划的核心要素（产品包、定价/条款、分销、集成营销沟通），执行情况评估，风险评估（整体风险评估、成功关键要素）。

（3）预测流程。形成业务计划后，进入预测流程。预测包括销售预测和要货预测。销售预测是对未来最可能的销售水平的预测；要货预测是对未来最可能的发货需求量的预测。

预测是各项工作计划的基础。根据预测结果，在经营层面，制订未来的业务发展规划、人力资源规划、固定资产投资规划等；市场部计算应投入的资源，制订销售计划；研发部分析新产品的市场空间和需求，输入IPD流程，为产品路标作为参考；供应链驱动产能、生产计划、采购计划，保证及时供货，并控制库存；财务部制订启动预算、销售收入、资金计划。

在预测阶段，要避免预测偏小或偏大的风险。预测偏小会导致供货不及时，客户满意度下降，丢失市场机会；预测偏大则会造成库存积压、资金积压，增加运作成本而侵蚀利润，还可能造成利息损失、物料报废损失。

（4）概念论证。完成预测后，进入IPD流程的概念论证阶段。先要编制任务书，包括项目目标、目标细分市场、目标客户、竞争情况、产品概要描述、PDT核心成员等内容。

任务书由IPMT评审。评审关注策略（是否想做这件事）、资源/能力（是否有能力做这件事）、决策标准（是否有吸引力和竞争力）、财务评估（是否创造收入且有合理利润）、组合能力（是否提升公司整体产品组合能力）。

评审通过后，由PDT开始进行产品和方案的概念设计。

4. 风险监测

（1）监测内容。

- 监测风险应对方案的执行情况和最新进展。
- 监测发生可能性和影响程度是否需要调整。
- 监测风险指标是否在正常区间。

（2）监测的主要方式。对于需求风险，华为以关键风险指标作为主要监测方式，指标包括：
- 市场占有率。
- 客户满意度。
- 平均资产包需求稳定度。
- 销售收入增长率。
- 新产品销售比重。
- 新增可参与市场空间。
- 市场准入指标完成率。

5. 风险报告

风险责任人定期（通常为季度）更新本管理层级IPD流程的风险全景图（风险、风险等级、成因），分析现阶段重点管控风险（风险描述、趋势），跟踪关键风险指标运行情况，关注风险应对措施的完成情况，评估应急计划的有效性，形成报告后，提交本层级管理层审议。

第 5 章

华为内部控制管理

华为内控体系建设就要穿美国鞋,在内控体系建设上不打补丁,要从头做起。在组织与流程不一致时,我们改组组织以适应流程。现在任职的所有干部,理解这套系统的人就上岗,不理解的人就下岗,不讲资格、资历,要用一些明白人向IBM学习,把这套体系建起来。公司重视基本的流程制度,但最重视的是内控体系。[1]

——任正非

5.1 华为内部控制框架

内部控制(以下简称内控)是风险管理体系的重要组成部分。华为基于组织架构和运作模式设计并实施了内控体系,发布的内控管理制度及内控框架适用于公司所有流程(包括业务和财务)、子公司及业务单元。华为的内控框架是金字塔形,分为五层,如图5-1所示。

---

1 任正非. 华为内控体系建设就要穿美国鞋,不打补丁——关于IBM内部控制实践介绍及EMT对华为内控建设的指导意见. 总裁办电邮文号[2017]032号.

第 5 章 华为内部控制管理

政策
内控管理制度

考核与问责
绩效评级 | 问责

评估
流程和区域半年度控制评估报告
审计趋势分析报告
全球控制计分卡

控制工具与指标
关键控制点设计 | 遵从性测试报告 | 改进建议跟踪报告 | 风险接受报告
主动性审视报告 | 职责分离设计 | 全球流程测评 | 审计报告 | 调查/指控报告
业务应用系统认证 | 控制评估审计 | 外审报告 | 未调节的资产负债表科目报告

控制环境
全球流程架构 | 全球流程责任人及其支撑组织 | 流程管理及运作 | 公司行政文件管理 | 公司核心价值观 | 培训、宣传和教育 | 信息技术/数据标准 | 记录管理 | 授权与职责 | 收购和合资业务控制 | 招聘政策之背景调查 | 商业行为准则 | 员工开放式交流措施 | 投诉管理（客户/供应商/业务伙伴） | 法律法规遵从

图5-1 华为内部控制框架

控制环境是内控体系的基石。在有效的控制环境中，采用控制工具和指标，确保经营管理的各项活动在规则下运行，并定期进行评估，以考核与问责形成内部控制体系的闭环。

5.2 政策

华为以COSO内控模型为指导，参照中华人民共和国财政部等五部委发布的《企业内部控制基本规范》，制定了内控管理制度，明确控制环境是内控体系的基础。华为致力于倡导及维护公司诚信文化，高度重视职业道德，严格遵守企业公民道德相关的法律法规。华为建立了完善的治理架构，包括董事会、董事会下属专业委员会、职能部门及各级管理团队等，各机构均有清晰的授权与明确的问责机制。公司首席财务官负责全公司内控管理，业务控制部门向公司首席财务官汇报内控缺陷和改进情况，协助首席财务官建设内控环境。内部审计部门对公司

所有经营活动的控制状况进行独立的监督评价。

华为建立了全球流程与业务变革管理体系，发布了全球统一的业务流程架构，并基于业务流程架构任命了全球流程责任人负责流程和内控的建设。全球流程责任人针对每个流程识别业务关键控制点和职责分离矩阵，并应用于所有区域、子公司和业务单元；例行组织实施针对关键控制点的月度遵从性测试并发布测试报告，从而持续监督内控的有效性；围绕经营痛点、财务报告关键要求等进行流程和内控优化，提升运营效率和效益，支撑财报准确、可靠及合规经营，帮助业务目标达成；每年进行年度控制评估，对流程整体设计和各业务单元流程执行的有效性进行全面评估，向审计委员会报告评估结果。

5.3 控制环境

控制环境由15项要素组成：全球流程架构；全球流程责任人及其支撑组织；流程管理及运作；公司行政文件管理；公司核心价值观；培训、宣传和教育；信息技术/数据标准；记录管理；授权与职责；收购和合资业务控制；招聘政策之背景调查；商业行为准则（Business Conduct Guidelines，BCG）；员工开放式交流措施；投诉管理（客户/供应商/业务伙伴）；法律法规遵从。

在此就具有华为特点的要素进行说明。

5.3.1 流程管理及运作

华为是流程管理的践行者，建立了全球流程与业务变革管理体系，发布全球统一的业务流程架构，并基于业务流程架构任命了全球流程责任人负责流程和内控的建设。

华为的流程体系分为执行类流程（包括集成产品开发、市场到线索、线索到回款、问题到解决），使能类流程（包括战略到执行、管理客户关系、服务交付、供应链、采购）和支撑类流程（包括人力资源、管理财经、管理业务变革和信息技术、管理基础支撑）三类，覆盖公司治理、战略规划、经营管理等各领域。无论是作战单元、作战平台还是管理平台，均能在流程体系中找到自己的位置。

华为将流程纵向分为六层。第一层是流程分类，第二层是流程分组，用于流程管理，回答为什么做（why to do）的问题，支撑公司战略和业务目标实现，体现公司业务模式，并覆盖公司全部业务。

第三层和第四层是子流程，用于落实方针政策和管控要求，回答怎么做（what to do）的问题，聚焦战略执行，体现创造客户价值的主要业务流程及支撑性职能。

第五层和第六层分别是具体的活动和任务，确保流程落实到人，使之可执行，回答怎么做（how to do）的问题。

在流程中，华为嵌入了控制要求，明确要求在流程设计中要进行关键控制点识别，并重点关注其执行有效性，并通过不相容岗位的职责分离、合理授权等手段，确保流程的运作效率、工作质量、资产安全、合法合规，保证流程输出的数据准确可靠。

5.3.2 公司核心价值观

核心价值观是一家公司最推崇的精神内涵。在华为，核心价值观体现在四个方面：以客户为中心，是华为存在的唯一理由；以奋斗者为本，是华为前进的力量之源；长期艰苦奋斗，华为绝不允许"躺平"，保持拼搏向上；坚持自我批判，在批判中纠偏、调整、螺旋上升。

华为用愿景激发使命感，统一思想，坚定信念，以榜样的力量牵引队伍前进。用荣誉感激发队伍的责任感，激活员工持续奋斗的内驱力。

华为致力于建立全球管理体系，确保企业文化的传承和业务的有效管理，实现以客户为中心，基于客户需求和技术领先持续创新，构建共赢生态；坚持合规运营，风险可控，保证业务连续性；打造过程可信和结果可信的高质量产品；承担企业社会责任，促进社会可持续发展。

《华为基本法》指出，公司高层管理者应保持强烈的进取精神和忧患意识；对公司的未来和重大经营决策承担个人风险；坚持公司利益高于部门利益和个人利益；倾听不同意见，团结一切可以团结的人；加强政治品格的训练与道德品质的修养，廉洁自律；不断学习。

5.3.3 记录管理

华为对员工诚实地记录和报告信息提出了明确的要求，从普通员工的报销单，到产品工程师的产品测试报告、营销人员的销售报告、财务人员的销售收入及成本报告、研发人员的研究报告、客户服务工程师的服务报告等。

华为要求员工必须根据相关法律对各种业务交易保存账册记录，这些账册记录必须真实、准确，禁止向监管部门、董事会、监事会、经营管理团队、内外部审计人员提供不实报告。向政府机关或其他外部机构提供报告时，必须确保这些报告上没有不实或误导的陈述，否则可能给华为带来民事甚至刑事责任。

华为员工必须遵守华为记录管理的相关制度，正确保存及销毁文件，包括纸质文件和电子信息记录。

5.3.4 授权与职责

1. 授权原则

（1）让"听得见炮声"的人做决策。华为减少总部垂直指挥和遥控，把"指挥所"建到"前线"去，让前方组织有责、有权，后方组织赋能、监管。在"多打粮食"的号召下，赋予前方指挥官最终决策权，对客户需求快速、有效响应，实现价值创造。

（2）权力前移，监管也要前移。业务主管也是风险管理、内控合规的第一责任人，要将权力在阳光下使用，让各项业务在流程中运行。子公司董事会承担监管责任，可以调动审计、稽核、监控资源，实现对权力的监督。财务事后算账，"打了多少炮弹，产了多少粮食"；审计去查"炮弹壳在哪儿"，核查真实性。

（3）授权给最有责任心的明白人。最明白的人通常是某领域的专家，而不是该组织的一把手。让最明白的人决策，就是对事负责；但如果只明白，没有责任心，也可能乱用权，给企业造成损失，因此要将权力授给最有责任心的明白人。

2. 组织架构与职责

（1）治理架构。华为建立了独具特色的内部治理架构和矩阵式管理结构，各层级权责清晰、责任聚焦。

华为股东会是公司的权力机构，由华为投资控股有限公司工会委员会（以下简称华为工会）和任正非组成。华为工会是实施员工持股计划的主体，截至2020年12月31日，员工持股计划参与人数为121 269人。

为了确保权力机构能科学行使权力，享有选举权的持股员工一股一票选举产生持股员工代表会，行使股东会权力，对利润分配、增资和董事、监事选举等重大事项进行决策。例如，2020年，持股员工代表会审议通过了董事会关于公司财务及经营情况的报告、监事会工作报告、年度利润分配方案、年度增资方案、荣耀业务出售方案等。

华为持股员工代表会一人一票选举产生公司董事会、监事会，经股东会表决通过。

截至2020年12月31日，华为董事会成员共17名，均为执行董事。董事会设常务委员会，常务委员会是董事会的常设执行机构，受董事会委托，对重大事项进行研究，就董事会授权的事项进行决策，并监督执行。董事会常务委员会由副董事长和常务董事组成，董事长不在其中。

华为在治理层实行集体领导，不把公司的命运系于个人身上。集体领导遵循共同价值、责任聚焦、民主集中、分权制衡、自我批判的原则。

公司董事会及董事会常务委员会由轮值董事长主持，轮值董事长在当值期间是公司最高领导人。

监事会主要职责包括董事/高级管理人员履职监督、公司经营和财务状况监督、合规监督。监事列席董事会会议和EMT会议，对公司年度财务报告进行审议，针对重点风险领域开展巡视和检查，对子公司监督董事的工作进行指导和管理。

（2）经营管理结构。华为EMT是日常经营决策的最高决策组织，在董事会的领导下负责公司的经营管理。在实际运营中，华为的经营决策权基本都在EMT，

EMT成员也多为董事。

EMT的决策机制也体现了华为集体领导、分权制衡的原则，实行轮值首席执行官制度，轮值首席执行官在当值期间主持EMT运作。任正非作为公司首席执行官任EMT主任，仅被赋予重大事项否决权。

华为在集团总部设置了由公司战略、人力资源、财经、供应体系、法务等16个部门组成的职能平台，向前方提供及时、准确、有效的服务，在充分向前方授权的同时，加强监管。华为在集团设平台协调委员会，以推动平台各部门的执行运作优化、跨领域运作简化、协同强化，使平台组织成为"围绕生产、促进生产"的最佳服务组织，如图5-2所示。

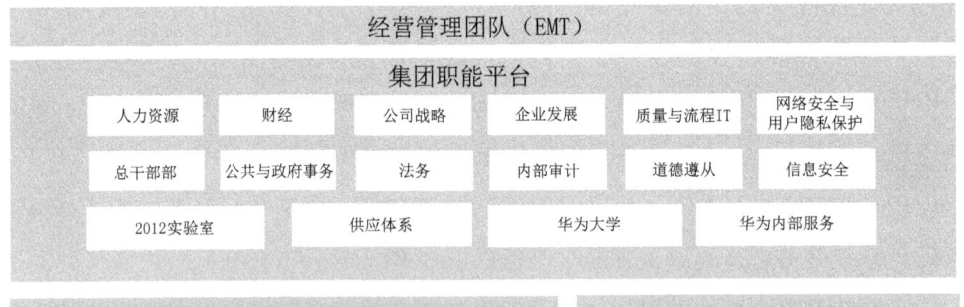

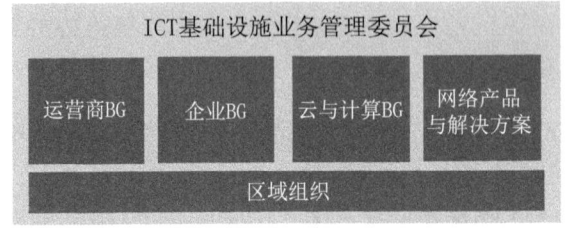

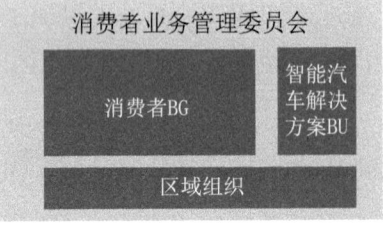

图5-2 华为经营管理及业务结构

在业务层面，运营商BG、企业BG、云与计算BG、网络产品与解决方案由ICT基础设施业务管理委员会（以下简称ICT委员会）领导；消费者BG、智能汽车解决方案BU（Business Unit，业务单元）由消费者业务管理委员会领导。

①ICT业务。ICT委员会作为公司ICT基础设施业务战略、经营管理和客户满意度的责任机构，对ICT基础设施业务进行端到端经营管理。

在ICT委员会的领导下，运营商BG和企业BG分别负责面向运营商客户和企业/行业客户的解决方案营销、销售和服务的管理和支撑，针对不同客户的业务特点和经营规律提供创新、差异化、领先的解决方案，并不断提升公司的行业竞争力和客户满意度。

云与计算BG对华为云与计算产业的竞争力和商业成功负责，承担云与计算产业的研发、市场、生态发展、技术销售、咨询与集成使能服务的责任。

网络产品与解决方案是华为面向运营商及企业/行业客户提供面向联接相关的产品与解决方案的组织，负责产品的规划、开发交付和竞争力构建，致力于做世界上最好的联接、智能的联接，为客户创造更好的业务体验，同时助力客户商业成功。

ICT区域组织是经营中心，负责区域的各项资源、能力的建设和有效利用，并负责华为ICT业务战略在所辖区域的落地。区域组织在与客户建立更紧密的联系和伙伴关系，帮助客户实现商业成功的同时，负责本区域的ICT管理体系建设、网络安全和隐私保护管理体系建设、内控建设，进一步支撑公司健康、可持续地有效增长。

②消费者业务。消费者业务管理委员会作为消费者业务战略、经营管理和客户满意度的最高责任机构，负责消费者业务的战略及风险管理，提升决策效率。

消费者BG是公司面向终端产品用户和生态伙伴的端到端经营组织，对经营结果、风险、市场竞争力和客户满意度负责。

智能汽车解决方案BU是公司面向智能汽车领域的端到端业务责任主体，将华为的ICT技术优势延伸到智能汽车产业，提供智能网联汽车的增量部件。智能汽车解决方案BU的业务目标是聚焦ICT技术，帮助汽车生产企业造好车。

消费者区域组织对终端业务在区域的总体经营目标、消费者满意度、生态伙伴体验与品牌形象提升负责。洞察消费电子行业环境变化及竞争动态，制订区域终端的业务规划和资源投入策略并实施，负责区域产品上市操盘及生命周期管理，生态发展，营销活动策划与执行，渠道、零售、服务的建设及管理。建设和维护合作伙伴关系，营造和谐的商业环境，合规运营，保障终端业务在当地的持续、健康发展。

总的来说，华为形成了完善的矩阵式结构，以实现全方位的信息沟通，并且授权明确、责任清晰、权责对等。横向是按照职能专业化原则设立的区域组织，为业务单位提供支持、服务和监管，使业务集团在区域平台上以客户为中心开展各自的经营活动。纵向是按照业务专业化原则设立的业务集团和业务单元，并分别设置EMT，按照其对应客户需求的规律设定目标、考核和管理运作机制。通过矩阵式的纵横组合，华为在各层级形成业务和能力建设的双轮驱动管理模式。

3. 流程控制职责

在华为的流程控制体系中，各级流程责任人是内部控制的第一责任人，保证管理的流程能以高效和可控的方式运作。流程控制人员（Process Controller，PC）是流程专家，协助流程责任人建设流程并实施日常运作控制，包括设置流程中的关键控制点（Key Control Point，KCP），每月度进行遵从性测试（Compliance Testing，CT）等，并将测试结果和半年度控制评估（Semi-Annual Control Assessment，SACA）的结果反馈给业务控制人员。

内控建设人员（Business Controller，BC）和风险责任人（Risk Owner，RO）在流程控制体系中也发挥着重要作用。内控建设人员是控制方面的专家，提供控制方法和工具。

作为核心角色的流程责任人承担流程设计的职责，也被授予对流程中的关键职位的管理权限。哪些是关键职位？谁来认定？先由流程责任人基于全流程管理和执行有效的要求，识别并提议关键职位清单，经全球流程责任人审核后提交变革需求指导委员会审议，报人力资源委员会批准。流程责任人可对关键职位的新干部任用、在职干部的评议与激励，行使建议否决权；评定和调整关键职位的工资、奖金和虚拟受限股饱和度。

不同层级的流程责任人，因为管理半径不同，承担的责任也不同。以下介绍全球流程责任人与区域/国家流程责任人的职责。

（1）全球流程责任人。全球流程责任人履行五项基本职责：

- 规划。基于公司的流程体系架构、流程相关的业务特点和绩效目标，对管理的全球流程进行规划和设计。
- 流程运作管理。确保全球范围内流程得到贯彻执行并达成目标，维护子流程清单。
- 风险与控制管理。对业务控制和数据控制承担首要责任，并对审计结果负责。
- 绩效管理。设置绩效目标，驱动绩效测评的一致性，并有效支持业务运作。通过结果与目标的对比测评，评估差距，采取行动消除差距以提升管理绩效。
- 沟通与培训。向管辖内的所有区域/国家流程责任人清楚地传达纵向流程管理和端到端流程的目标，确保流程用户具备所需的流程知识。

鉴于全球流程责任人对华为流程体系的良好运转发挥至关重要的作用，以下对基本职责展开说明。

①规划：

- 定义流程的业务目标。
- 保证业务目标得到流程环节和活动的支持。
- 设定成功关键要素。
- 排定资源投入优先级。
- 负责全球流程预算。
- 在运作和变革提升之间平衡优先级——与业务变革责任人沟通，获得资金支持和业务变革活动的审批。
- 评审目标达成的进展情况，必要时提供方向指导。
- 定义并文档化端到端全球流程范围。
- 与各流程责任人定义并文档化输入输出界面（流程起止点和其他输入输出），通常需要服务水平协议或谅解备忘录支撑。

②流程运作管理：

- 定义流程，按华为规定标准编制文档，制作流程图，使端到端流程顺畅有效，也包括识别基于风险的关键控制点及与其他流程的接口关系。
- 对业务目标变更进行监督，提供支持。
- 驱动优化流程设计和在公司内部的整合，包括与流程相关的应用程序和数据流。
- 监控区域和国家流程在实施和执行中的异常情况。
- 解决或向上汇报跨职能部门之间的问题。
- 实施流程变革以满足业务需要。
- 对流程相关的应用系统承担最终责任。

③风险与控制管理：

- 持续测评流程控制状况，对识别的缺陷采取行动。
- 识别影响流程目标的主要风险——在流程中通过关键控制点持续管理主要风险。
- 组织开展遵从性测试，明确测试方法、样本数量、测试人员要求等。
- 保证关键控制点和对其进行的月度遵从性测试及半年评估，在所有区域和国家之间保持一致的设计和执行。
- 评审流程的审批/授权要求，确保与公司要求保持一致，书面明确各项授权相应的责任和权力。
- 预防和侦测舞弊，包括维护流程和应用系统权限的职责分离矩阵；对控制缺陷进行归纳整理，通过加强对高风险领域的关注，强化现有控制的设计。
- 对于未整改的缺陷和未关闭的风险事项，确保及时采取补充控制，直到问题关闭；如果缺陷不能立即整改，则作为风险承受事项执行审批。
- 每年至少进行两次管理层控制自我评估，保存完整的文档以保证评估和改进计划合理。

④绩效管理：

- 推行所有区域和国家流程测评（如内部客户满意度、覆盖范围、运行效率和输出量、质量、人员等），改进流程效果和效率。
- 管理流程绩效。通过结果和目标的对比测评，评估差距，采取行动消除差距以提升管理绩效。
- 通过标准化的模板，提供综合的业务和流程绩效计分卡。
- 与管理团队评审所有区域/国家的绩效测评和计分卡。
- 分析未达成目标的问题原因，采取改进行动。

⑤沟通与培训：

- 向所有区域/国家流程责任人和员工清楚地传达纵向流程管理和端到端流程的目标。
- 对所有流程使用者持续培训流程变更、改进和相关问题。
- 保证流程使用者能得到流程描述、指引、操作程序，包括定义流程角色和职责、关键控制、确认程序、测评和绩效指标。

（2）区域/国家流程责任人。区域流程责任人和国家流程责任人执行和控制本辖区内的流程，向上级流程责任人汇报，其职责包括流程管理、风险与控制管理、沟通与培训、绩效管理四部分。

①流程管理：

- 与上级流程责任人配合工作，确保流程在本区域内实施和执行。
- 解决或升级跨职能部门的问题。
- 对流程进行深入分析，评估流程现状。
- 为满足业务变革需要，识别流程变更并汇报给上级流程责任人，得到上级流程责任人审批后，实施流程变更以满足本区域业务需求的变化。

②风险与控制管理：

- 组织区域内遵从性测试和半年度评估。
- 对流程缺陷进行分析，推动整改，确保实施改进措施。

③沟通与培训：

- 向上级流程责任人和本区域管理层汇报流程状态与测评结果。
- 对执行流程的相关人员开展培训。

④绩效管理：

- 监督和改进流程效果与效率。

5.3.5 商业行为准则

华为认为，员工在公司商业行为中遵守法律规定和道德规范，是华为能够长久发展的重要保障之一。华为在2008年颁布了第一版《华为员工商业行为准则》（以下简称行为准则），并根据不断变化的内外部环境、新的道德和法律问题、已发生的案例，持续修订行为准则。作为所有华为员工应该遵守的一般性商业行为规范，华为要求每位员工均应签署、学习、掌握并严格遵守行为准则。此外，华为员工还应遵守公司、所在部门或所从事业务领域的其他规则。其他规则与行为准则不一致的，以行为准则为准。

华为也特别指出，华为的业务覆盖全球，由于各个国家的法律、法规千差万别，宗教习惯也不一样，如果行为准则中某项或某几项规定与相关法律、宗教的强制性规定冲突，则以该强制性规定为准，同时并不影响其他规定的效力。

行为准则首先明确了基本准则：员工均应诚实守信，遵守商业行为准则，诚实劳动，恪尽职守，严禁欺诈。每位员工应做到：

- 处理所有华为业务活动与业务关系时，要诚实、守信。
- 遵守适用的、与华为业务经营活动相关的法律和法规。
- 保护并正当使用华为资产，尊重他人知识产权。
- 维护公司利益，正确处理公、私利益关系。
- 尊重差异，对全世界客户、供应商、业务伙伴及员工的文化、宗教信仰，应予以尊重和公正对待。

行为准则从对内业务行为、对外业务行为、个人行为三个方面，分别阐述了禁止性行为和底线规定。

1. 对内业务行为

对内业务行为包括维护工作环境、保护华为资产、信息记录、报告与保存、个人信息与物品。

华为禁止歧视，包括因种族、肤色、宗教、性别、年龄、国籍、遗传、残障或其他与华为合法利益无关的歧视或差别对待；禁止任何性骚扰的言论或行为；禁止不适宜的评论、玩笑、行为等；禁止违法行为和在工作场所饮用含酒精饮料。

华为员工有责任保护公司的一切有形资产、知识产权、技术秘密与商业秘密及其他无形资产，同时应对华为资产的安全隐患保持警觉，发现异常情况应立即向直接主管或相应管理部门报告。华为的知识产权，尤其是技术秘密与商业秘密，是公司最重要的资产，是全体员工辛勤劳动的果实。资产的遗失、被盗或被滥用，都将危害公司的未来，所以妥善保护资产至关重要。华为的个别人员（包括已离职的华为员工）曾因参与窃取、侵占华为资产而被追究刑事责任。

华为指出，华为有权对其信息通信系统进行监控，以保证信息通信系统的安全。任何不正当使用华为信息通信系统的行为，都是对华为资产的滥用。员工只能将华为信息通信系统用于华为业务或经相关管理层授权使用的目的。华为员工未经授权不得利用华为的信息通信系统访问与工作无关的网站。每位员工均有责任确保为正当目的而使用华为的信息通信系统。任何员工不得因不当使用华为的信息通信系统而影响自己或他人的工作效率。

关于个人物品，华为认为都不宜存放于华为办公场所，如电话系统、办公系统、电子文件、办公桌、柜子、保密柜或办公室中。华为公司有权开启该设备及华为提供的任何其他设备。为了保护员工和公司资产，华为可以要求检查员工存放在办公场所的个人物品，包括摆放在华为办公场所或从该场所带走的公事包、手提包等。员工对此检查应予以配合。员工未经授权，不得侵犯其他同事的工作空间，包括电子文件等。

2. 对外业务行为

对外业务行为包括代表华为对外做出承诺或签约的权限、避免错误说明、与供应商交易、市场竞争、与其他组织的关系。

任何华为员工不得在正当流程和授权外做出商业上或其他方面的承诺或约定。华为员工在未取得相关授权之前，不得向第三人做出任何口头或书面的承诺，如达成新合同或修改现有的合同。

对于道德风险高发的采购领域，行为准则明确，在选择供应商时，应毫无偏私地衡量所有决定因素，从公司最大利益出发，选择最优供应商。无论华为员工在哪个部门从事采购工作，也无论采购量多少，都应坚持公正原则。

不管华为员工的职位是否能影响供应商的选择与评估，都不应运用或试图运用自身的影响力，使特定供应商得到"特殊待遇"。只要员工表露此意，就会破坏华为既有程序的公正。华为员工不应将交易交给关联供应商，特别是亲友拥有或管理的供应商。当员工的亲友与华为的某个供应商存在利益关系时，员工应主动申报并回避与该供应商的交易活动。

华为员工从事营销或服务活动时，不仅要积极、有效，也要合法及符合商业道德。华为员工在市场竞争中不应对竞争对手或其产品、服务进行错误或误导性陈述、影射。与竞争对手或其产品、服务质量的比较，必须根据事实做出，且必须完整、正确。

华为员工在遵照公司既定准则的前提下，可与竞争对手进行接触，包括出售产品给同业、向同业购买产品、参与共同投标及参加商业展览，或与建立标准有关的机构或贸易协会联系。但不应讨论定价政策、合同条款、成本、存货、营销与产品计划、市场调查及研究、生产计划与生产能力等，也不应讨论其他任何华为专有信息或保密信息。

涉及新闻调查、司法协助领域，华为明确，除非获得公司相关主管部门的授权，否则华为员工不得接受记者、咨询顾问等人员的采访或访问，回答与华为有关的问题；未经授权，华为员工不得以公司名义在新闻媒体上发表意见、发布消息，也不得代表公司出席公众活动；当接到律师、司法人员、调查人员或其他执行人员的要求，须提供与华为业务有关的资料时，华为员工须将此要求转交华为法务部门处理；当接到政府官员或机构的请求时，则应将其转交华为政府事务部门处理。

关于馈赠和款待，华为的底线是可接受或向他人提供正常的、符合商业惯例的款待，如餐宴等，但费用必须合理，且不被法律或已知的客户、商业伙伴、供应商的商业惯例所禁止。此外，华为禁止员工直接或间接地收受任何赠礼、佣金、回扣、小费、介绍费、酬劳等。

行为准则也强调了遵守法规的重要性，并明确华为开展业务经营时遵守所在国家、地区或区域经济共同体的法律及国际商业惯例和认可的标准。这些法律、惯例或标准涉及投资、贸易、进出口、外汇、劳工、环境、合同、消费者保护、知识产权、会计、税务等各个方面。

3. 个人行为

华为要求，员工在其生活的任何活动中，不得与其作为华为员工的责任发生冲突，不得滥用华为的资源或影响力，损害华为的良好声誉。

未经华为书面同意，华为员工不得在竞争对手任职，担任顾问、董事会成员或以其他方式为竞争对手提供服务，也不得向竞争对手提供信息。非经相关管理层批准，华为员工不得担任华为的供应商或华为供应商的代表，也不能为华为的供应商工作，或担任其雇员、顾问、董事或股东等。华为员工也不得因为向供应商提供有关华为业务的建议或服务而接受金钱或任何形式的利益。

华为员工不得在华为办公场所或在华为上班时间内从事非华为业务相关的其他工作，也不得使用华为的资产（包括设备、电话、用品、资源及华为专有信息等）来从事非华为的工作。

华为员工不应滥用在华为的职位或影响，去促进或协助自身或他人的活动。未经公司授权或批准，员工不得以华为公司名义或华为员工名义进行考察、谈判、签约、招投标、竞拍、为自身或他人提供担保、证明等相关业务活动。

为杜绝个人经济利益冲突，华为员工不得在与华为有业务交易或与华为有竞争关系的机构中享有经济上的利益。当员工的配偶或其他与员工关系密切的人是华为的竞争对手或供应商，或者受聘于他们，其中一人必须改变职务。

华为严格禁止内幕交易，华为员工及其家人不得利用华为或因工作原因知悉的其他公司的内幕消息谋取经济利益，包括：利用华为或其他公司的内幕消息谋取经济利益；借他人名义进行投资，以规避禁止内幕交易的准则；向其他无关人员包括华为员工透露内幕消息。

作为商业机构，华为公司员工未经批准不得参与政治活动、发表政治言论，不得以华为公司或华为员工的名义进行任何社区活动。

5.3.6　员工开放式交流措施

华为设立多维度的信息与沟通渠道，及时获取来自客户、供应商等的外部信息，并建立公司内部信息的正式传递渠道，同时在内部网站上建立所有员工可以自由沟通的心声社区。公司管理层通过日常会议与各级部门定期沟通，以有效传递管理导向，保证管理层的决策有效落实。

华为在内部网站上发布所有业务政策和流程，并定期由各级管理者或流程责任人组织业务流程和内控培训，确保所有员工能及时掌握信息。公司还建立各级流程责任人之间的定期沟通机制，回顾内控执行状况，跟进和落实内控问题改进计划。

5.3.7　投诉管理

华为设立了内部投诉渠道、调查机制、反腐机制与问责制度，并在与供应商签订的《诚信廉洁合作协议》中明确相关规则，供应商能根据协议内提供的渠道，举报员工的不当行为。内部审计部门对公司整体控制状况进行独立和客观的评价，并对违反商业行为准则的经济责任行为进行调查，审计和调查结果报告给公司高级管理层和审计委员会。华为还建立了对各级流程责任人、区域管理者的内控考核、问责及弹劾机制，并例行运作。审计委员会和首席财务官定期审视公司内控状况，听取内控问题改进计划与执行进展的汇报，并有权要求内控状况不满意的流程责任人和业务管理者汇报原因及改进计划。

5.4 控制工具与指标

控制工具与指标包括关键控制点设计、遵从性测试报告、改进建议跟踪报告、风险接受报告、主动性审视报告、职责分离设计、全球流程测评、审计报告、调查/指控报告、业务应用系统认证、控制评估审计、外审报告、未调节的资产负债表科目报告。

考虑可借鉴性，本节重点介绍关键控制点设计、遵从性测试报告、改进建议跟踪报告、职责分离设计。

5.4.1 关键控制点设计

关键控制点是在业务流程或应用系统中，对实现业务目标或降低风险起关键作用的举措，举例如下。

1. **评审与审批**

- 合同生成流程中，评审销售合同条款。
- 应付账款流程中，复核发票分录。
- 应收账款流程中，复核和发布对账单或月结单。
- 资金流程中，审核和批准银行账户的开立申请。
- 工程交付流程中，审批物料需求申请。
- 员工费用报销流程中，审核和批准差旅费用报销。

2. **清单检查**

- 合同生成流程中，发布销售合同前按照《合同签约复核提示表》复核。
- 采购流程中，发布认证合格的供应商信息前按照《新供应商上网审核表》复核。

3. **定期的数据核对/校验**

- 发薪流程中，每月薪酬数据核对。
- 总账流程中，资产负债表科目对账和分析。

4. 报告分析

- 总账流程中，合并财务数据产生的差错提示报告。
- 应收账款流程中，应收账款账龄分析报告。

5. 信息系统控制

华为用于行政采购的"易购"系统，是用自动化手段提升流程效率，实现有效管控的案例。

（1）统一流程，统一入口，操作简单，全程可视。所有行政采购都统一到一个平台，申购人直接在系统目录中查找自己要采购的物品或服务。采购全流程可视。

（2）审批简化，提供实时预算参考。整个采购只需要在需求提出时审批一次，付款时无须再审批。审批人可以随时随地进行审批，也可以在系统中进行授权。更重要的是，主管审批时可以实时看到部门的预算使用情况，也可以通过报表功能获取已采购的详细记录。因此，主管审批、问题追溯将有更充分的依据，内控风险得以降低。

（3）认证信息"货架"式管理。认证信息通过"易购"系统配置成可采购的目录，包括供应商名称、物品服务描述、价格等信息，以货架的形式直接展示给需求人查询。

（4）账务环节自动匹配单据。无论什么类型的业务，"易购"系统都可生成统一格式的信息，并自动导入ERP（Enterprise Resource Planning）。因此，在财务付款时，只需录入发票信息，就可以进行系统自动匹配，既提高了效率，又减少了人工出错概率。

5.4.2 遵从性测试报告

1. 测试计划

在业务流程运行中，需要对执行情况进行测试，以确保流程内控状况和流程效率持续提升。华为建立了遵从性测试制度，要求各单位每月对关键控制点实施遵从性测试，以实现：

- 验证关键控制点已被有效执行，保证支持业务运作的所有信息在接收、处理和使用过程中的完整性。
- 支撑业务流程和运作，保证信息的准确性，并持续提供可验证和可测评的结果。
- 阻止或发现舞弊与错误，保护公司利益。
- 保证公司持续达到预设的控制状况及质量目标。

为确保测试结果客观、公正，华为要求测试人员应具备独立性。测试人员既不能是实际执行控制的人员，也不能是与控制结果有关的人员，更不能是控制执行人员的下属。

华为针对关键控制点制订了测试计划，包括以下几点。

（1）描述测试目标，例如：

- 保证所有日常输入核对均被执行，得到管理层评审与审批。
- 保证所有的交易得到审批和及时处理，异常情况得到识别并及时改正。

（2）确定测试范围，如发票测试的样本选择范围：

- 将月初的第一个内部发票参考编码作为测试起点。
- 将月末的最后一个内部发票参考编码作为测试终点。
- 检查上月遵从性测试的最后编码与本月起始编码之间有无空缺。

（3）设计测试要素。测试要素是具体测什么。通常，测试要素是容易设计和理解的。例如，如果一个关键控制点是账户开立申请必须明确账户的用途，并经该层级财务总监审批。那么，测试要素为：

- 财务总监是否审批（核对签字及日期）？
- 申请是否明确了账户的用途？
- 国家财务总监是否审批？
- 区域资金经理是否审批？

（4）选取测试样本。重点选取高金额业务，确保80%样本为测试月最高金额的业务，其余20%随机选择。例如，样本总量为9单，那么必须有7单是当月最高金额样本，另2单随机抽取。具体步骤如下所示。

- 第一步：获得当月测试的业务范围（如某个国家的采购订单明细），按业务金额从高到低排序。
- 第二步：按以下规则计算样本总量。
- 第三步：计算必须抽取的当月最高金额样本数量及随机抽取的样本数量。
- 第四步：挑出7单当月最高金额样本。
- 第五步：根据测试当月发生的业务总量除以随机样本数加1（此例中应为2+1=3）来确定随机样本，第一个随机样本即为业务总量的1/3序列号（按金额排序），第二个随机样本即为业务总量的2/3序列号。

假设共发生150笔业务，在样本总量为9的情况下，第一个随机样本应该是按金额排序后的第50笔业务，第二个随机样本应该为第100笔业务。

华为最小月度测试样本量如表5-1所示。

表5-1 华为最小月度测试样本量

月度业务量（单）	最小样本量（国家）	最小样本量（共享中心）
0	0	0
1	1	1
2~4	2	2
5~13	3	5
14~91	6	10
超过91	9	15

2. 测试执行

对照测试程序，逐条进行测试，做好书面记录，以支持不同时期测试结果的比较。例如，执行关键控制点"支付权签"测试时，测试要素包括：

- 网银/付款票据的付款信息与ERP信息、付款凭证信息是否一致？
- 付款凭证签章是否完整？
- 权签组合是否符合规定？
- 大额支付是否保留业务权签人的确认邮件？

测试结果的相关文档需按照公司要求进行归档，这些文档主要包括测试计划、工作底稿、改进计划、报告，以及与控制缺陷相关的支撑性文档（如合同、分类账、报告、授权、系统报告等）。

测试一旦发现缺陷样本，须对控制缺陷进行分析，包括：

- 根本原因分析。为什么出现问题，这些问题的潜在影响有哪些？有没有补偿性控制？这些控制起作用了吗？
- 风险分析。这些缺陷给业务带来了哪些风险？
- 改进计划。包括改进措施、改进完成时间和改进责任人。
- 对测试结果的趋势进行分析。与前期测试结果相比，是否某个领域原来状况良好但现在出现了问题？相反，原来的问题领域是否有了改善迹象？

如果控制缺陷是由于所在地区或国家法律、文化等原因导致无法遵从全球流程的控制要求时，国家流程责任人需要根据当地情况制定合理的补偿性控制，并由全球流程责任人审批。

遵从性测试底稿模板如表5-2所示。

3. 测试报告

遵从性测试报告包括测试结果汇总、流程控制执行情况分析、管理层要求的其他问题等。各层级流程责任人编制或汇总报告，向上层级流程责任人汇报，并抄送内控建设部门，作为半年度评价流程整体控制情况的输入。华为遵从性测试报告模板如表5-3所示。

表5-2 遵从性测试底稿模板

流程：　　　　　　　　　　　　　　　　　　子流程：
片区：　　　　　　　　　　　　　　　　　　地区部：
国家：　　　　　　　　　　　　　　　　　　测试月：
拟制：　　　　　　　　　　　　　　　　　　审核：

KCP 名称/编号	样本序号	样本描述			遵从或不遵从（Y/N）				遵从或不遵从（Y/N）	控制缺陷描述（针对单个样本）	根因分析（针对单个样本）
		（如）发票号码	…	…	控制要素（1）	控制要素（2）	控制要素（3）	控制要素（4）			
	1				N	Y	Y	Y	N		
	2				Y	Y	Y	Y	Y		
	3										
总样本数量											
缺陷样本数量											
遵从率											
控制缺陷描述（汇总用于拟制CT报告）											
根因分析（汇总用于拟制CT报告）											

说明：测试底稿包括两个部分。

1．记录每个样本测试结果，描述样本控制缺陷及根因分析。

2．汇总测试结果，包括计算遵从率，合并控制缺陷描述、根因分析。遵从率计算公式：1-（缺陷样本数量/总样本数量）

控制缺陷（控制要素不遵从）指控制没有被执行，或者控制已经被执行，但没有完全按照流程的要求执行。

缺陷样本（KCP不遵从）指在测试过程中抽样发现的存在控制缺陷的样本。

表5-3 遵从性测试报告模板

流程：
片区：　　　　　　　　　　　　　　　　地区部：
国家：　　　　　　　　　　　　　　　　测试月：
拟制：　　　　　　　　　　　　　　　　审核：
测试结果汇总：

KCP 编号	KCP 名称	总样本数量	缺陷样本数量	遵从率	目标遵从率	趋势分析
KCP1	支付权签	15	1	93.3%	99%	
KCP2	复核发票	15	1	93.3%	98%	
…						
总体		30	2	93.3%	90%	

流程控制执行状况分析：

新增或上期遗留控制问题	控制问题描述	根因分析	改进计划	改进责任人	目标完成时间	完成时间逾期天数
上期遗留问题						30
上期遗留问题						60
新增问题						/
…						

管理层要求的其他问题，如测试人员独立性披露、当月关闭的控制问题等。

说明：
　　此报告为标准报告模板，流程控制人员可根据流程责任人的要求分析测试结果，包括但不限于测试结果汇总、根因分析、改进计划、趋势分析等。

5.4.3 改进建议跟踪报告

作为内控框架的重要部分，在内审、外审、遵从性测试、控制自我评估中，审计员或其他评估人员将针对缺陷提出改进建议。这些改进建议为被审计单位和业务部门提供指导，以确保问题能得到满意的改进。如果这些改进建议没有解决或及时处理，就很可能造成风险。因此，华为设计了改进建议跟踪流程，确保来自各方面的改进建议都能有效实施，从而改善公司的控制状况。

改进责任人（通常是流程责任人）负责制订和实施改进计划，要明确具体措施、实施日期、改进责任人。

改进建议跟踪流程有以下步骤：

- 审计员或评估人员撰写改进建议，并发放给被审计/评估的业务单元或业务部门。
- 被审计/评估的业务单元或业务部门的改进责任人反馈意见。
- 双方达成一致，并得到审批后，改进建议、改进计划、改进责任人及改进实施日期将被录入业务控制集成工具的改进建议跟踪模块。
- 改进责任人组织实施改进计划，计划到期时，数据库将自动发送提醒邮件。
- 如果改进计划逾期未关闭，内控建设人员将收到自动提醒邮件，由其跟进改进计划实施情况。
- 在改进完成后，改进责任人将在业务控制集成工具的改进建议跟踪模块中提交改进计划关闭所需的详细文档，并申请关闭改进建议。
- 数据库将自动发送邮件到内控建设人员，并由内控建设人员复核文档，确认关闭改进建议。

5.4.4 职责分离设计

1. 典型职责分离要求

职责分离（Segregation of Duties，SOD）是华为实施流程控制的一项重要手段。通过明确的分工、授权和岗位责任制，将不相容岗位分派给不同的人员，实现职责分离，能有效提升数据准确性，确保资产安全，防止并及时发现、纠正错误及舞弊行为。

以出纳岗位为例：出纳专职负责货币资金的收支业务，除现金和银行存款日记账外，不兼记总账和债权债务等明细账，不负责汇总记账凭证，不抄寄各种往来结算账户对账单。

典型的职责冲突举例如下所示：

- 账簿的登记与核查、调节。
- 销售执行与销售审批。
- 发货和收款。
- 编制销售单和开具销售发票。
- 请购与审批。
- 询价与确定供应商。
- 采购与验收。
- 付款审批与付款执行。

2. 华为创建职责分离表的步骤

华为的全球流程责任人与流程控制人员通过10个步骤（见表5-4），识别不相容岗位，编制职责分离表（简称SOD表，见表5-5）。

表5-4 职责分离表的创建步骤

步骤	执行角色	活　　动
1	全球流程责任人与全球流程控制人员	识别关键控制点及执行关键控制活动的岗位
2	全球流程责任人或全球流程控制人员	• 创建完整的任务到任务矩阵（Task-to-Task矩阵），识别任务之间的潜在冲突 • 如果本流程中的岗位执行了其他流程的活动，那么需分析该岗位执行的跨流程活动之间是否存在潜在冲突，如果存在冲突，则作为任务纳入矩阵 • 参照的职责分离基本原则包括申请、审批、处理、记录、保管、核实/对账应相互分离

续表

步骤	执行角色	活动
3	全球流程责任人或全球流程控制人员	分析潜在冲突的风险等级，识别出高风险 SOD 冲突，并创建高风险的 Task-to-Task 矩阵： • 对于审计发现涉及的职责分离问题，须将对应的潜在冲突评估为高风险 SOD 冲突 • 对于政策性文件涉及的职责分离要求，须将对应的潜在冲突评估为高风险 SOD 冲突 • 对于审计发现和政策性文件没有涉及的职责分离要求，须进一步根据业务经验及流程中已经存在的其他控制，评估潜在冲突的风险等级
4	全球流程责任人或全球流程控制人员	创建 SOD 表初稿： • 将高风险 Task-to-Task 矩阵中的任务填入 SOD 表初稿"关键任务"栏 • 分析流程中执行"关键任务"的角色或岗位，填入 SOD 表初稿"关键岗位"栏 • 将高风险 Task-to-Task 矩阵中的冲突"关键任务"，填入 SOD 表初稿"不可执行的任务"栏 • 重新检查并分析相关的公司政策性文件，确保没有遗漏关键岗位
5	全球流程控制人员	全球流程控制人员将 SOD 表初稿发送给区域流程控制人员
6	区域流程控制人员	区域流程控制人员应识别出每个国家的关键岗位或角色的主管，并负责与国家流程责任人、国家流程控制人员等共同识别出执行这些关键任务的员工 注意：这些员工包括不属于关键岗位但实际执行了关键任务的员工，区域流程控制人员须将这些主管和关键员工的姓名填入 SOD 表
7	区域流程控制人员	区域流程控制人员制定 SOD 表，并将同一主管下属的所有关键员工汇总在 SOD 表中
8	区域流程控制人员	区域流程控制人员将 SOD 表分别发送给每个关键员工的主管，并确保主管确认 SOD 表
9	关键员工的主管	关键员工的主管通过执行以下步骤确认 SOD 表： • 对关键员工进行访谈，确认关键员工没有执行 SOD 表中已识别出的"不可执行的任务"，并将结果填写在 SOD 表中 • 如果流程活动有系统支撑，主管须检查关键员工的系统权限，确认关键员工未拥有会造成冲突的其他权限，并将结果填写在 SOD 表中
10	区域流程控制人员	区域流程控制人员审核、登记及归档确认后的 SOD 表。区域流程控制人员须审核每份确认后的 SOD 表，根据经验判断 SOD 表确认结果的合理性。如果区域流程控制人员认为确认结果不合理，则需要与关键员工的主管沟通，并要求其做出调整。达成一致后，区域流程控制人员将主管确认的日期记录在 SOD 登记表中，并将 SOD 表归档，作为将来审计检查的依据和再确认的基础

表5-5 华为职责分离表（模板）

关键任务	关键岗位	员工（姓名+工号）	不可执行的任务	采取的控制措施	计划完成日期（年/月/日）		采取的控制措施	计划完成日期（年/月/日）
			主管须对员工进行访谈，确认员工中的"不可执行的任务"（是/否）。如果执行了，在本栏中列出冲突，并填写"采取的控制措施"和"计划完成日期"两栏			主管须检查关键员工的系统权限，确认关键员工未拥有会造成冲突的其他权限（包括系统管理员权限）（是/否）。如果有，在本栏中列出冲突，并填写"采取的控制措施"和"计划完成日期"两栏		

注：
1. 对关键员工进行访谈，确认SOD表中已识别出的"不可执行的任务"，并将结果填写在SOD表中。若存在冲突，主管需采取措施消除/规避风险。
2. 主管须检查关键员工的系统权限，确认关键员工未拥有会造成冲突的其他权限，并将结果填写在SOD表中。若存在冲突，主管需采取措施消除/规避风险。

5.5 评估

评估包括流程和区域半年度控制评估（SACA）报告、审计趋势分析报告、全球控制计分卡，其中，SACA是内部控制独有的评估方式，本节做重点介绍。

SACA是管理层对流程控制整体状况的自我评估，每半年执行一次，覆盖了所有的关键业务单元和流程。

SACA评估的支撑材料包括近6个月的遵从性测试报告、风险接受情况、改进建议跟踪和流程测评等结果。华为制定了SACA检查清单（见表5-6）。SACA检查清单包括8个方面，28个问题，通过回答"是""部分做到""否"或"不适用"评估流程控制状况。

表5-6 SACA检查清单（示例）

序号		问题清单	权重分	是/部分做到/否/不适用	请列示证明材料；如有异常情况，请详细列示并解释原因	异常情况业务影响度	小分	小计	满意/尚可/不满意
1	流程文档 10%	1.1 业务流程是否有明确的界面（起点、终点和主要环节）	10						
		1.2 是否有明确的子流程清单	10						
		1.3 业务流程是否有明确的管理责任人	10						
		1.4 是否所有业务都有清晰的流程文件支撑	20						
		1.5 是否现有流程都有流程图并设置关键控制点？是否建立职责分离矩阵	30						
		1.6 流程责任人（包括区域流程责任人和国家流程责任人）是否接受了相关流程培训	10						

续表

序号		问题清单	权重分	是/部分做到/否/不适用	请列示证明材料；如有异常情况，请详细列示并解释原因	异常情况业务影响度	小分	小计	满意/尚可/不满意
1	流程文档 10%	1.7 是否持续开展对流程执行人员的培训，确保流程要求得到落实	10						
2	授权 5%	2.1 业务权签事项的角色和职责是否以书面形式明确	10						
		2.2 公司严格限制转授权，在特殊情况下的转授权是否经上级主管审批？是否检查授权人的所有职责，保证不产生职责分离SOD冲突	20						
		2.3 如果存在转授权，是否被授权人的行权情况得到跟踪和监督？转授权发生变化是否得到适当审批	10						
		2.4 授权变化时，授权文件是否及时更新和维护	10						
3	职责分离 5%	3.1 重要角色和岗位是否有职责分离表并获得最新确认	35						
		3.2 存在职责冲突的情况是否向上级责任人报告，并采取了补偿性控制措施	15						
4	应用系统 2%	4.1 业务流程使用的应用系统是否经过公司IT认证	4						
		4.2 业务流程使用的应用系统是否设置权限控制（权限控制的方式通常有用户权限审批、系统管理员管理、密码管理等）	6						
		4.3 是否及时清理用户账号、定期更新密码	10						

序号		问题清单	权重分	是/部分做到/否/不适用	请列示证明材料；如有异常情况，请详细列示并解释原因	异常情况业务影响度	小分	小计	满意/尚可/不满意
5	风险接受 3%	5.1 本流程及下层所辖流程是否遵从公司政策	7						
		5.2 未遵从公司政策的业务流程是否经公司相关政策责任人或全球流程责任人审批	8						
		5.3 审批通过的补偿性控制措施是否得到实施，并通过月度测试降低该风险	8						
		5.4 风险接受是否按期关闭或经过审批延期	7						
6	遵从性测试 65%	6.1 流程中的关键控制点是否有遵从性测试计划？	150						
		6.2 遵从性测试是否按公司要求定期（通常为月度）执行	200						
		6.3 回顾近6个月的遵从性测试结果，并给出满意、尚可或不满意的评级	300						
7	控制问题跟踪改进 5%	7.1 遵从性测试发现的问题是否有闭环管理（通过测评管理体系）	10						
		7.2 近6个月的问题是否已经关闭或提交申请通过风险接受进行管理	10						
		7.3 审计和其他改进建议是否进入改进建议数据库并被跟踪？改进计划是否及时按承诺日期完成	30						

序号	问题清单		权重分	是/部分做到/否/不适用	请列示证明材料；如有异常情况，请详细列示并解释原因	异常情况业务影响度	小分	小计	满意/尚可/不满意
8	测评 5%	8.1 是否通过测评汇报机制对流程进行管理，确保遵从性测试发现的问题和其他控制指标被分析、汇报并跟踪改进	30						
		8.2 测评指标（包括影响流程效率的业务测评KPI和控制测评KCI）的完成情况是否达到承诺的目标	20						
总分数和由分数得出的流程SACA参考评级									
根据以上问题的回答，结合自己的判断，给出流程SACA等级									满意

评估人员比照检查清单打分后，评级工具即可自动给出SACA8个方面和总体的评级。总分数达到或超过950分为"满意"评级，分数不到850分为"不满意"评级，分数介于二者之间为"尚可"评级，评分标准如表5-7所示。

表5-7 华为SACA评估评分标准（示例）

评级项	比重-分数		满意		尚可		不满意	
流程文档	10%	100	≥95%	≥95	[85%,95%)	[85,95)	<85%	<85
授权	5%	50	≥95%	≥48	[85%,95%)	[43,48)	<85%	<43
职责分离	5%	50	≥95%	≥48	[85%,95%)	[43,48)	<85%	<43
应用系统	2%	20	≥95%	≥19	[85%,95%)	[17,19)	<85%	<17
风险接受	3%	30	≥95%	≥29	[85%,95%)	[26,29)	<85%	<26
遵从性测试	65%	650	≥95%	≥618	[85%,95%)	[553,618)	<85%	<553
控制问题跟踪改进	5%	50	≥95%	≥48	[85%,95%)	[43,48)	<85%	<43
测评	5%	50	≥95%	≥48	[85%,95%)	[43,48)	<85%	<43
总体评级	100%	1000	分数≥950		850≤分数<950		分数<850	

该评分标准的结果只能作为评级参考，不能直接成为最终的评级。如果管理层认为存在重要的特殊情况，可调整评级。例如，评级工具的结果是"满意"或"尚可"，但存在严重问题，SACA评级应下调至少一级。

严重问题包括如下几项。

- 某项业务无流程或部分无流程支撑。
- 流程中的高风险环节未设置为关键控制点。
- 业务审批或重要岗位的签字和操作无授权，或者授权文件更新不及时。
- 存在不合法的、未经审批的转授权。
- 业务操作中存在职责分离冲突，且无补偿性控制措施。
- 遵从性测试结果及其他业务管理中发现了以下问题：关键业务的重要文档缺失或不完整；存在不遵从法律的行为；存在触碰"高压线"的行为或发生实际损失；存在业务数据不真实问题；存在违反商业准则的行为；存在伪造文档或信息的行为。

SACA评估完成后，应出具SACA评估报告，如表5-8所示。各层级报告由流程责任人最终确认，并经本层级管理层同意后向上报送。全球流程责任人收到所有区域流程SACA报告后，安排评审会并准备全球流程SACA报告，包括SACA评级总结和导致全球流程SACA评级"不满意"或"尚可"的问题和改进建议。

表5-8 SACA评估报告（示例）

×××流程半年度控制评估（SACA）报告

汇报国家：×××　　　　　　　　　　　评估期间：20××年×—×月
拟制人：国家流程责任人×××　　　　　审批人：区域流程责任人×××
子流程评估范围：子流程1，2…

流程	上期评级	本期评级	评估依据（通过SACA-checklist评级工具计算得出评级；如果SACA-Checklist评级工具计算的评级进行了调整，请书面说明）
×××流程		不满意	—
流程评级由"不满意"或"尚可"提高为"满意"的改进建议			

续表

序号	问题描述和根本原因	改进建议	改进措施	改进责任人	计划完成日期
1					
…	…	…	…	…	…

5.6 考核与问责

5.6.1 绩效评级

为确保风险管理和内部控制工作在产品线、区域、代表处贯彻到位，华为在组织绩效考核项中设置内外规遵从和专项风险管理的扣分项。

在消费者BG，将内部控制成熟度、重大负向事件和存货的风险控制作为扣分项，与"多产粮食"（占70%权重，细项为销售收入、贡献利润率、现金流）和"增加土壤肥力"（占30%权重，细项为质量与用户体验、消费者市场品牌、组织能力）并列。

在代表处，也设置了内外规遵从的扣分项，具体包括牵引代表处管理内外部合规风险、当地法律法规遵从、财务内控合规、流程内控合规。

5.6.2 问责

1. 问责机制

华为对违反法律法规的行为建立了监督、调查、问责制度，无论是管理者还是普通员工，一切钻公司漏洞、借职务之便牟取私利的行为，都严格问责。

华为问责管理坚持查处分离，即把管事的权力和管人的权力分开，调查归监事会、指控评审委员会、审计委员会管，处罚归人力资源委员会管。不同的违规事项由不同部门执行调查。内审部门负责调查与经济有关的投诉，包括但不限于受贿索贿、拿回扣、贪污侵占、盗窃、利用公司资源和渠道谋私利等。党委及人力资源部门主要调查涉及员工及干部的道德、品行操守、干部作风、第二职业、竞业兼职等问题。法务部主要调查涉及商业秘密、信息资产、知识产权及法律事务的问题。

业务主管获取的违反商业行为准则的有关经济问题的指控和线索，须转给公司的指控处理邮箱（***@huawei.com），未经指控评审委员会授权不得擅自调查。

调查人员须得到指控评审委员会的指派及授权方可开展调查工作，调查工作应符合当地国家法律法规的要求，遵照公司的调查流程。调查人员应秉承独立、客观、公正的原则履行调查职责。

业务部门如收到指控评审委员会指派的调查任务，必须安排合适的干部严格按照调查流程执行调查。对立项调查的项目，未经调查小组同意，主管不得擅自调查和自行询问相关人员。公司员工应积极配合调查，如实提供情况，并对调查过程涉及的信息进行保密。隐瞒、欺骗，甚至串通抵抗调查的，属于严重违纪行为，应予问责，并记入诚信档案。对于主动举报、主动暴露问题、协助调查的人员，问题经查实将予以奖励，包括公开或非公开奖励。

任正非认为，对干部要有一种宽容的态度，但也有严肃的态度："所谓严肃的态度，就是指我们调查细节是严格、认真的，该了解的情况还是要了解，但是在处理上尽可能宽大。所以，审计通过报告来披露真实情况，想说的话都体现在报告中，包括被调查人态度好坏，有没有重大立功。处理权放到人力资源委员会的纪律与监察分委会，要有这样一层隔离。"[1]

2. 问责标准

华为制定的《违反BCG的问责条例和标准》明确指出，如果问题是部门管理失职导致的，那么问题发生时期的任内主管须被问责；如果问题是流程体制没建好导致的，那么相应流程责任人须被问责。对于主动发现和报告问题、积极支持调查的主管，可减轻管理问责；但对于"捂盖子"或故意破坏调查的主管，将降职、撤职或除名。

如果调查中发现有触犯法律的行为，在经该条线领导人、法务部评估后，提

---

1 任正非. 在公司内审调查工作授权及流程优化汇报会上的讲话. 电邮讲话[2015]131号.

请审计委员会审议是否转交司法机关。华为本着治病救人目的，对于主动坦白问题、切实悔过、如实退还不当所得或适当赔偿公司相关损失的，可从轻、减轻处理，给人改过自新的机会。

3. 问责执行

在问责执行中，华为毫不手软。2018年1月，华为首席执行官任正非签发的一份华为公司《对经营管理不善领导责任人的问责通报》称，近年，部分经营单位发生了经营质量事故和业务造假行为，公司管理层对此负有领导不力的管理责任，经董事会常务委员会讨论决定，对公司主要责任领导做出问责，并通报公司全体员工。其中任正非被罚款100万元；郭平被罚款50万元；徐直军被罚款50万元；胡厚崑被罚款50万元；李杰被罚款50万元。

2021年2月，华为心声社区公开发布《对造谣/传谣员工的除名决定》。决定指出，《华为员工商业行为准则》规定，员工以个人名义发布消息，文责自负，需遵循实事求是的原则，发布的与公司相关的信息需是亲历、亲为，并遵循公司信息安全管理制度等相关规定，避免影响公司声誉，损害公司利益。涉事员工参与造谣/传谣，其行为严重违反了《华为员工商业行为准则》，因此对涉事员工予以除名处分。此外，若员工的行为给公司造成了经济损失，将要求其个人赔偿公司经济损失；若触犯法律，公司将依法追究其法律责任。

决定还指出，公司将继续追究其他参与造谣/传谣员工的责任。参与了造谣/传谣的员工，应在指定日期前通过官方邮箱主动申报。[1]

1　资料来源：华为心声社区.

第 6 章

华为重大风险管理实践

> 不冒风险才是企业最大的风险。只有不断地创新，持续提高企业的核心竞争力，才能在技术日新月异、竞争日趋激烈的社会中生存下去。[1]
>
> ——任正非

6.1 战略风险

6.1.1 华为对战略风险的理解

柯达公司惨败于数码摄影时代，诺基亚公司黯然退出智能手机领域。曾经不可动摇的行业翘楚，因为战略失误，几乎在一夜间就轰然倒塌。

正如《企业内部控制应用指引——发展战略》解读所言："什么都可以出错，战略不能出错；什么都可以失败，战略不能失败。战略的失败是最彻底的失败！无论是一个国家、一个地区和一个行业，还是一个微观组织，都面临发展战略管理的问题。作为一个现代企业，如果没有明确发展战略，就不可能在当今激烈的市场竞争和国际化浪潮冲击下求得长远发展。"

解读指出了战略的重要性。华为认为，战略风险是未能全面、深刻把握宏观

---

[1] 任正非. 创新是华为发展的不竭动力. 2000.

经济、政策环境、行业趋势、市场变化，或者企业资源和能力有限，影响企业发展方向、中长期生存能力、竞争力、核心价值的重要风险，表现为：

- 战略方向选择错误，与行业政策导向、技术发展趋势有所偏离，导致企业陷入困境，偏离主航道。
- 发展战略过于激进，脱离企业实际能力，导致资金、人才等资源透支，战略目标成为"空中楼阁"。
- 为了快速扩大规模或增加创收，陷入盲目多元化扩张道路，导致失去方向，精力分散，经营失败。
- 发展战略过于保守，对新技术、新需求潜在的爆发力不敏感，缺少危机感，安于现状，可能导致失去进入蓝海市场的机会，甚至被市场淘汰。
- 缺乏战略定力和战略耐性，发展战略因主观原因频繁变动，导致资源浪费、人心不稳，危及企业的生存和持续发展。
- 有战略、无执行，未能将发展战略进行有效分解，成为可量化、可执行、可考核的阶段性战略任务和目标，导致发展战略与经营计划"两张皮"，发展战略被束之高阁，企业发展没有方向感。

管好战略风险，不可或缺的是对战略环境因素的感知、调查和研究能力。要充分调查研究和科学分析预测，认清企业面临的各种发展战略风险因素，进而确定企业面临的风险及其性质，并把握其发展趋势，为战略管理提供良好的条件。

华为总结了影响战略的外部风险因素，包括宏观经济、政策环境、技术变革、市场竞争、客户需求、贸易环境。

1. 宏观经济

宏观经济范围很广，包括国家的经济总量及构成、总需求与总供给、货币政策与财政政策、人口与就业、要素与禀赋、经济周期与经济增长等，与企业发展关系最紧密的是经济发展速度、市场需求、货币环境。企业发展不能只顾"低头走路"，更要"抬头看天"。只有客观、不带偏见地分析和预测宏观经济，才能制定顺应宏观经济的战略目标。

作为国际化企业，华为不仅关注中国国内经济发展趋势，更密切跟踪和研究世界主要经济体的宏观经济，尽可能地预判经济走势，避免"逆水行舟"。

2. 政策环境

信息通信行业在全球各大经济体中都是受政府严格监管的行业，它不仅仅关系着国家经济命脉，也与公民个人的信息安全息息相关。因此政府历来要求信息通信行业规范、有序发展，从运营商的业务牌照到终端产品上市，都需要监管机构的审查审批。

在我国，工业和信息化部作为信息通信行业的主管部门，已发布《"十四五"信息通信行业发展规划》，对5G、千兆光网、算力网络、移动物联网、工业互联网等领域规划了未来五年的发展方向。

在监管方面，监管部门针对扰乱市场竞争秩序、侵害用户权益等违法违规问题，提出要综合利用行政处罚、信用管理等手段，加强市场监测巡查，加大执法监督力度，树立监管权威，营造公平竞争的市场环境。

3. 技术变革

当前，数字革命正如火如荼地进行，信息通信技术推动的信息化进入新的历史阶段。"万物感知、万物互联、万物智能"的智能世界正加速到来，数字技术正在重塑世界。5G与4K+、VR/AR、AI、云等技术的融合应用，将为个人、家庭和行业带来超乎想象的深刻变革，其中既蕴含机遇，也充满不确定性。在信息通信行业，一旦技术落后，未能跟上行业技术变革的步伐，就可能陷入困境，甚至从巅峰跌到谷底。

4. 市场竞争

对企业而言，市场就是战场，尽管不是你死我活，但企业需要同时与多个不同层级竞争对手同场竞技，稍有不慎，就可能败下阵来。竞争对手搞降价、推新品、结成产业联盟，都可能对企业战略目标的达成产生影响，而这又是企业最无法预测和管控的。作为市场跟随者，可能被市场抛弃；但成为市场引领者后，又可能觉得迷茫。

5. 客户需求

"以客户为中心"不是华为的独特创造，而是商业世界的普遍真理。华为认为，为客户服务是华为存在的唯一理由；客户需求是华为发展的原动力。企业越是面临复杂严峻的外部环境，就越要高举"以客户为中心"的旗帜，正确的战略方向来自对客户需求的准确把握。

当前，华为面临全球化割据、技术政治化、疫情常态化、基础理论瓶颈等困难，华为将确保研发投入，加强系统工程创新，推动基础理论、架构和软件的重构，深刻洞察客户需求，敏捷创新，提供更加个性化的产品和服务。

6. 贸易环境

新型冠状病毒肺炎疫情对全球物流和供应链造成了前所未有的冲击，俄乌战事更加剧了国际贸易环境的不确定性，大宗商品价格高位震荡、芯片等关键零部件短缺、国际货运价格飙涨，这对国际业务占半壁江山的华为而言是非常严峻的挑战，也深刻地影响着华为战略布局。

一家企业无法影响国际贸易环境，唯有找到适应环境变化的生存之道。华为坚定支持自由贸易、开放市场和公平竞争，支持平等无歧视的多边贸易规则，支持全球化，特别是科技产品的自由贸易，持续对全球供应链增长做贡献。

6.1.2 华为战略风险管理方法

1. 寻找大致正确的方向

任正非曾说："方向要大致正确，组织必须充满活力。"这一具有哲学内涵的说法充满风险管理智慧，帮助华为抓住了三次具有里程碑意义的机会。

（1）1990年：研发数字程控交换机。1990年，华为从代理销售走向自主研发，孤注一掷进行数字程控交换机C&C08的研发，1994年全面推向商用。数字程控交换机C&C08以高品质、高可靠性赢得了广大客户的信赖和支持，畅销通信市场25年，为华为的成功奠定了坚实的基础。试想，如果当年华为没有看准信息通信行业的巨大商机，哪有今天庞大的商业帝国？

（2）1996年：迈出开拓海外市场的第一步。华为在"世界通信行业三分天下,华为占其一"愿景的驱动下,发力开拓海外市场。第一站是俄罗斯,三年耕耘,颗粒无收。直到1999年,华为才接到了第一笔订单,虽然金额只有38美元,但是意味着华为的海外拓展有了新的开端。有了点的突破,加上不懈努力和持续投入,华为最终成了俄罗斯电信市场的领导者。有了成功可复制的样板,华为继续挺进,最终走向全世界。2005年,华为海外市场的收入首次超过国内市场。

如果不是因为任正非有强烈的危机感和对信息通信行业本质和发展趋势的准确把握,华为可能就是一家普通的设备供应商,甚至早已在市场的大浪淘沙中成为历史。如果没有执着的战略耐性,只是象征性地"放两次空枪就跑",也不会有今天全球化的华为。

(3) 2011年: 向智能化转型。2011年,当iPhone和安卓系统手机都大获成功时,华为终于意识到手机将是一个前所未有的大市场,调转船头不再只是为运营商做定制手机,而是坚定地走向开放市场,建立自己的品牌。华为手机开始尝试高调地走精品路线,定位转向高端。华为的战略变革和厚积薄发的技术积累,让华为手机脱颖而出。

为什么"方向要大致正确"?一家企业在漫漫征途中,没有方向或南辕北辙肯定是不行的,但要求方向绝对正确,也是非常不容易的。王安计算机公司不能看到PC机替代小型机的大致方向而倒闭,柯达公司不能看到数字技术对胶卷全面替代的大致方向而衰落,诺基亚公司不能看到以iPhone手机为代表的智能手机才是未来的大致方向而轰然倒塌。

方向随时间和空间而改变,常常又会变得不清晰,并不是非黑即白、非此即彼的。领导层要合理地掌握合适的灰度,在混沌的状态中找到方向。华为为此建立了战略务虚会机制。一年一度的战略务虚会,通常为期两天。第一天上午漫谈,采取"头脑风暴"的方式,让与会者自由发挥。到了下午,会议开始筛选并聚焦主题,所有人围绕这个主题进行开放式讨论、争论。第二天收缩议题,对前一天有代表性的观点再进行讨论,形成最终决议。战略务虚会可能效率不高,但在信息充分交流、观点激烈碰撞中,更能把握住方向。任正非曾说:"战略决策关系方向,方向错误,速度越快就越容易翻车。"

在技术快速迭代的信息通信行业，监管政策和市场需求不断变化，要找到大致正确的方向，更依赖于全面、及时地掌握行业动态，通过分析找到发力点。华为遍布全球的国家公司、代表处、研究所、运营中心，能第一时间掌握全球范围内信息通信行业的行业政策、技术趋势、市场变化、客户需求，通过华为内部信息沟通汇报渠道，为公司经营决策提供支持。华为也充分利用综合大学、企业、研究机构中众多专家的力量，把握行业变革和技术创新的最新动态。华为还将其研究成果定期发布，与客户和全球专业人士分享。例如，《华为技术》聚焦于信息通信技术和解决方案；《ICT新视界》致力于分享行业洞察与见解。

未来的方向在哪里？华为认为，随着5G、云计算、AI、区块链等新技术的成熟商用，行业数字化正进入快速发展期，用数字技术赋能各个行业，发展潜力巨大。在未来相当长的一段时间里，外部环境将持续动荡、更加复杂。全球疫情正在改变人们的生活方式，全球化秩序面临重大挑战，以美国为首的西方国家将继续在关键技术和5G市场上对华为采取遏制手段。华为要在逆境中沿着正确的方向，坚定前行。

2. 组建蓝军

如果没有自我批判和纠偏机制，企业一旦偏离正确的方向，就会在错误的道路上越走越远。很多企业擅长学习框架、理论，认为只要请了咨询公司，用业界公认的方法论来管理战略，就可以高枕无忧了。实际上，战略风险管理最重要的一点就是敢于批判，有能力纠偏。

华为引入了军队的"蓝军机制"，从组织上保证敢于自我批判和战略纠偏。华为蓝军专门研究华为的软肋，论证怎么打败华为，是比友商还强大的竞争对手。

任正非认为，华为之所以能走到今天，也是高举着批判的旗帜，天天批自己，说我们自己的不足，所以华为"走强"了。走向未来，华为必须继续加强这个力量，要组成一个蓝军，坚决打倒华为。每个部门都要组成蓝军，坚决打倒自己部门，打的过程中，红军也"走强"了。[1]

---

1 任正非. 在流程与IT战略务虚会上的讲话及主要讨论发言. 总裁办电邮文号[2012]026号.

华为的"蓝军参谋部"成立于2006年，负责构筑组织的自我批判能力，在公司各层面建立红蓝军对决机制，通过自我批判帮助公司走上正确的道路。按照任正非的解释，"蓝军就是要想尽办法来否定红军"（这里的"红军"指华为承担经营管理责任的各级组织）。蓝军可以虚拟各种对抗性声音，模拟各种可能发生的事件，通过自我批判、警告与模拟，使华为始终保持危机意识。

在华为高层领导团队的组织下，蓝军参谋部采用辩论、模拟实战、战术推演等方式，对华为当前的战略思想和重大决策进行反向分析和批判性辩论，在技术层面寻求差异化的颠覆性技术和产品，并从不同的视角观察公司的战略和技术发展，进行逆向思维，模拟竞争对手的策略，找到红军的漏洞。

任正非认为，如果华为不从内部主动打破自己的优势，别人早晚也会来打破。

让华为蓝军名声大噪的是炮轰任正非"十宗罪"。2018年4月8日，华为思想研究院和蓝军联合撰文《人力资源2.0总纲研讨班对任总的批判意见》，措辞虽然客气，却鞭辟入里地指出了任正非的十个问题。

（1）任正非的人力资源哲学思想是世界级创新，但有时候指导过深、过细、过急，人力资源体系执行过于机械化、僵硬化、运动化，专业力量没有得到发挥。

（2）不要过早否定新事物，对新事物要抱着开放的心态，"让子弹先飞一会儿"。

（3）工资、补贴、奖金、长期激励机制等价值分配机制需要系统梳理和思考。

（4）不能把中庸之道用到极致，灰度灰度再灰度，妥协妥协再妥协。

（5）干部管理要在风险和效率上追求平衡。

（6）要重视专家，强化专家的价值。

（7）反思海外经历适用的职务范围的问题。

（8）不能基于汇报内容、汇报好坏来否定汇报人员或肯定汇报人员。

（9）任正非的很多管理思想、管理要求只适用于运营商业务，不适用于其他业务。

（10）战略预备队本来是"中央党校"，但由于实际运作执行出现问题，变成了"五七干校",作用发挥不足。

我们很难想象,作为华为精神领袖的任正非会受到如此直接的公开批评。当然,以华为的信息管理制度,文章在发表前或许已经得到了任正非的同意,这也可能是蓝军在帮助任正非进行自我批评。

任正非极度重视蓝军的作用,他曾说:"要想升官,先到蓝军去,不把红军打败就不要升司令。红军的司令如果没有蓝军经历,也不要再提拔了。你都不知道如何打败华为,说明你已经到天花板了。" 背后的逻辑是,华为的干部对华为提不出批评意见,就说明他的水平已经到顶了,不能再提拔使用;能批评华为,说明他视野宽、有观点,这样的人才能提拔。

在大多数公司,决策严重依赖企业家,没有人会出来提反对意见。企业家(一般是创始人)一言九鼎,即便犯了错误,高层管理人员也只敢或只会小声嘀咕,因为企业家接受了批评还好,如果接受不了,自己得不偿失。

好公司是"关起门来吵架",大家拍桌子、摔茶杯,把问题都暴露出来,吵完了,上层把决策定了,就对外口径一致,坚定不移地执行。差公司是"一团和气",每个人都多一事不如少一事,重大事项上层定好了,员工只管做。决策对了,大家升职加薪,决策错了,大不了跳槽走人。

管理学大师德鲁克先生曾非常推崇通用汽车前首席执行官斯隆的一个理念:"没有反对意见,就不做任何决策。"这或许可以给承担决策职责的管理者一些启示。

3. 贯彻"压强原则"

早在1994年,任正非就在《集中力量,重点突破》一文中写道:作为一家公司,在一个领域,只有一个或少数几个强项,总的力量分布是只有极少的巅峰,不可能在每个方面都是力量均衡的。充分扬长避短,集中精力于自己的强项,会产生成倍增长的规模效应。这就是华为战略管理的"压强原则",即在成功关键因素和选定的战略生长点上,以超过主要竞争对手的强度配置资源,要么不做,要做就极大地集中人力、物力和财力,实现重点突破。

华为敢于抢占战略机会点,加大投入,以有效增长为核心,有舍有弃地加强战略集中度,把握住战略制高点。华为早期把代理销售取得的利润全部集中于研究小型交换机，就是利用"压强原则"，形成局部突破，逐渐取得技术的领先和利润空间的扩大。技术领先带来了机会窗利润，再将利润投入升级换代产品的研究开发，不断改进和创新。今天的华为仍坚持集中精力，在主航道、主战场建立优势地位，绝不轻言横向发展，避免削弱垂直进攻的力量。

4. 形成战略管理框架和DSTE流程

2002年前后，华为接连出现了两次战略误判，一次是没有抓住小灵通业务的机会点，二是任正非坚决反对华为做自己的手机。华为曾一度陷入经营困境，增长乏力，一批有能力的高级管理人员认为华为的战略管控能力不行了，选择了离开华为。

任正非意识到，需要用一套框架把原来相对松散、割裂的战略管理活动集中起来，形成一个有机整体，把一种相对模糊的战略思考过程明确为一个体系，以降低战略制定和执行的风险。

华为先学习了美世公司的战略模型——价值驱动的业务设计（Value Driven Business Design，VDBD）。之后在与IBM的合作中，华为发现IBM的业务领先模型（Business Leadership Model，BLM）能帮助管理层在战略制定和执行过程中更加系统地思考，务实地分析，有效地调配资源和跟踪执行，因此全面引入了BLM。BLM从差距分析出发，归纳了战略与执行的八个要素（市场洞察、战略意图、创新焦点、业务设计、关键任务、人才、组织、文化氛围）的内涵和联系，是一套科学的战略管理框架和指导方法，如图6-1所示。

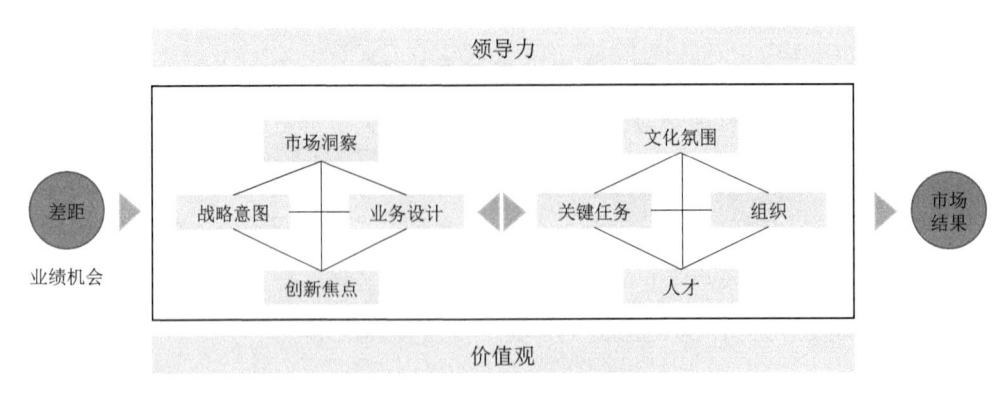

图6-1　IBM的业务领先模型

第 6 章 华为重大风险管理实践

BLM遵循以下原则：

- 战略不能被授权。业务领导人负责引领战略制定和执行，包括有效沟通战略。
- 聚焦差距。聚焦关键业务差距和问题，注重结果。
- 市场洞察。深刻洞察外部市场趋势和对业务的影响。
- 战略业务组合。平衡成熟和新兴业务，保持业务的可持续发展。
- 战略落地。强调战略制定到执行的一致性逻辑思考，以及组织能力与战略的适配。
- 组织协作。相关业务部门在战略制定过程中的充分研讨、协同、共识和承诺。

经过十余年的打磨和思考，华为从僵化到优化，再固化，从战略到执行打通了这套模型，并且加入了华为的理念和方法，形成了系统化的开发战略到执行（Develop Strategy to Execute，DSTE）流程。如同IPD流程实现了各功能部门在产品开发上的集成与协同，DSTE就是管理的"IPD"流程，实现了战略、市场、财经、销售、人力、质量等所有业务和管理活动的有机集成与协同。

DSTE流程分成四个环节。从战略制定到战略解码、战略执行、战略评估，是一个端到端动态闭环的过程，如图6-2所示。

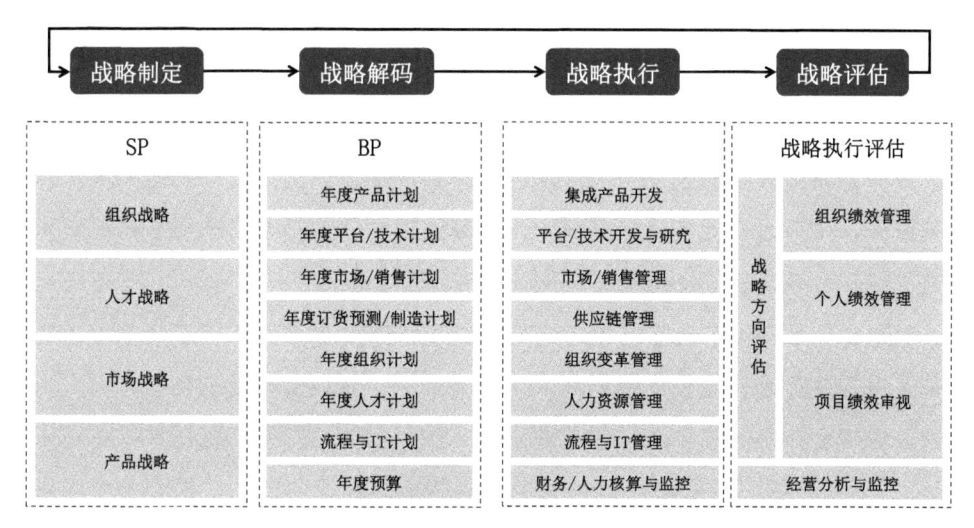

战略制定	战略解码	战略执行	战略评估
SP	BP		战略执行评估
组织战略	年度产品计划	集成产品开发	组织绩效管理
	年度平台/技术计划	平台/技术开发与研究	
人才战略	年度市场/销售计划	市场/销售管理	个人绩效管理
	年度订货预测/制造计划	供应链管理	
市场战略	年度组织计划	组织变革管理	项目绩效审视
	年度人才计划	人力资源管理	
产品战略	流程与IT计划	流程与IT管理	经营分析与监控
	年度预算	财务/人力核算与监控	

（战略方向评估）

图6-2 华为DSTE流程

（1）战略制定。战略制定环节的输出是战略规划，包括组织战略、人才战略、市场战略和产品战略。在战略制定环节，华为融入了BLM，从差距分析着手，分析业绩差距和技术差距，既跟竞争对手比，也跟自己比，从差距中找机会。之后对市场要素进行调查研判，具体包括：

- 洞察宏观趋势。从宏观的角度，怎么看待国家层面的政治、经济、文化、社会等方面的变化与发展趋势？这些趋势将为行业带来什么样的影响与变化？整个产业未来的技术发展趋势是怎样的？会发生哪些变化？
- 洞察客户。未来五年客户的发展战略方向是什么？在它的发展战略当中存在哪些痛点？
- 洞察友商。竞争对手有什么样的发展战略？它的定位是什么？
- 洞察自身。对自身的洞察建立在对客户与竞争对手的洞察之上。如何更好地发掘自己的优势，弥补内在的不足？

综合差距分析和市场洞察的事实依据，管理层初步判断出做什么和不做什么，以及做到什么程度，这就是战略意图，如未来几年的增长目标、业务方向；也会有更具体的量化指标，如未来五年公司收入增长80%，在5G通信设备领域保持市场第一，等等。

战略意图相当于画了一个圈，有了范围，接下来就是找到创新焦点，结合自身资源禀赋，倾尽全力投入关键创新点，避免在非战略机会点上消耗资源和力量。华为既坚持在ICT的主航道行驶，又不断在主航道中发现新赛道，从消费者业务到智能互联汽车业务，都是华为在战略制定过程中确定的创新焦点。

任何创新都需要通过业务设计来客户化和产品化，因此战略制定的落脚点在业务设计，也可以把业务设计理解为设计商业模式，包括客户选择、产品定位、价值主张、价值获取、盈利模式、战略控制点等要素。

战略规划着眼于中长期发展，周期通常为3~5年，具有全局性、方向性的重大意义。也应注意到，企业经营通常以年度为周期，企业战略规划需要分解到每个组织，与年度计划相结合，确保规划落地，这个过程就是战略解码。

（2）战略解码。战略解码是从企业战略规划到业务计划，再到各个组织的关键业绩指标（Key Performance Index，KPI），然后到个人绩效承诺（Personal Business Commitment，PBC）的过程。华为各组织、各层级都会参与到战略解码过程中，以确保每个执行者都能明白目标、意图、方法、标准和措施等。战略解码示意图如图6-3所示。

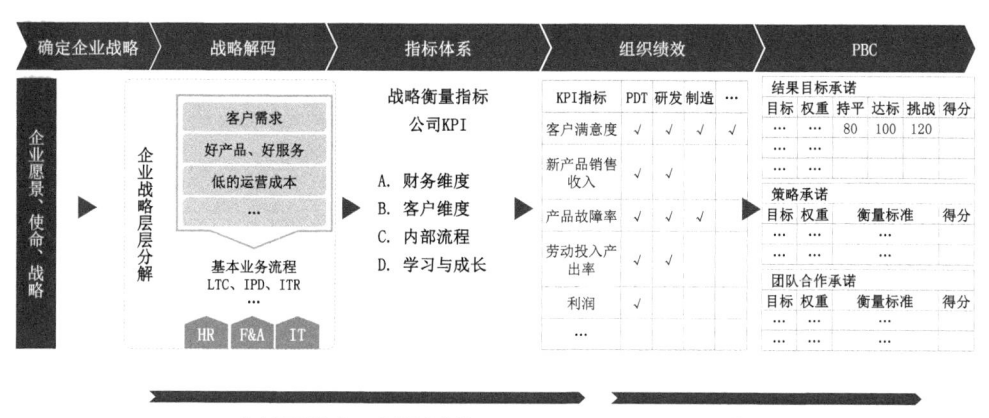

图6-3　战略解码示意图

在华为，战略解码需要遵循四项原则：

- 垂直一致性。以公司战略规划为基础，自上而下垂直分解，保证纵向的一致性。
- 水平一致性。以公司端到端的流程为基础，建立部门间的连带责任和协作关系，保证横向的一致性。
- 均衡性和导向性。指标选取均衡考虑，并体现部门的责任特色。
- 责任层层落实。落实各单位对上级目标的承接和责任，为确定PBC提供依据。

解码首先要描述战略并达成共识，其次梳理业务流程及关键瓶颈，找出关键任务并设定目标。例如，为了实现有效增长，关键瓶颈在提升区域市场的价值，那么关键任务就包括客户需求的解决方案、配备专业且有经验的市场拓展人员、提升项目管理效率、拿下重点项目订单等。

针对关键任务，明确责任主体，拟定业务计划并设定KPI，各单位的关键岗位人员还应签署PBC。

以产品规划的解码落地为例，IPMT承担产品线投资损益及商业成功的责任，其解码后的组织绩效指标如表6-1所示。

表6-1 IPMT解码后的组织绩效指标

财务方面	客户方面	内部（业务）	革新与学习
• 市场份额 • 毛利率 • 税前利润率 • 销售收入增长率 • 新产品销售比重 • 研发费用比重 • 废弃项目比重	• 客户满意度 • 客户反馈产品缺陷 • 网上问题及时解决率 • 网上逾期问题解决率 • 客户服务支持费用比重 • 产品保修费用比重 • 短、中、长期需求比例分布 • 客户需求管理效率 • 承诺兑现及时率	• 决策评审点管理效率 • 项目周期、阶段周期及进度偏差 • 项目进度偏差率 • 市场响应速度 • 共用基础模块 • 生产率 • 供应链存货周转率 • 及时齐套发货率	• IPD变革进展指标

PDT负责产品从立项、开发到推向市场的整个过程管理，保证产品在财务和市场上取得成功，其解码后的组织绩效指标如表6-2所示。

表6-2 PDT解码后的组织绩效指标

进度	效率	财务	质量	范围
• 项目周期、阶段周期及进度偏差 • 项目进度偏差率	• 决策评审点准备度 • 共用基础模块 • 生产率	• 毛利率 • 销售收入 • 税前利润率 • 盈利时间 • 研发费用预算执行偏差率 • 目标成本完成率	• 客户反馈产品缺陷 • 网上问题及时解决率 • 网上逾期问题解决率 • 单板返还率 • 阶段关键交付件发现缺陷密度 • 内部问题累计解决率 • IPD流程符合度 • 产品百万缺陷数	• 规格更改率

（3）战略执行。明确了目标，选准了方向，能不能达成，考验的是企业的战略执行力。华为强大的战略执行力，在于预算管控的约束、企业文化的牵引、组织能力的发挥和激励机制的驱动。

①预算管控的约束。华为认为，全面预算管控是在批准的战略规划的基础上，确定资源配置和投入规划，并进行过程监控，保证达成公司经营目标。华为

的全面预算主要包括经营预算、战略专项、投资/筹资预算、集团财务预算，以及重大风险及关键预算假设，按照"战略计划—项目—预算"的逻辑逐级分配，形成管理循环，以保障业务可持续发展，实现规避风险与敢于投资的平衡。

- 预算聚焦战略业务。华为一直强调，不在非战略机会点上消耗战略力量，"不仅因为我们没这么多钱，也因为我们管理不好这么多拖油瓶"。
- 预算按"弹性获取，率额结合"的原则授予。即成熟业务按管理费用率授予，从而摆脱集权制的效率低下、机构臃肿，促进内部运作效率提升；战略或变革项目按预算额授予，符合战略发展方向和主航道的业务可优先获得预算额度。通过权力下放与弹性预算，实现客户需求驱动的流程化组织建设目标。

②企业文化的牵引。"以奋斗者为本"是华为核心企业文化，更准确地说，华为倡导的是集体奋斗。在集体奋斗文化牵引下，华为近20万名员工的行为共同指向战略任务的执行。

③组织能力的发挥。组织能力是让各级员工分工协作、各司其职，实现各个环节的有序协作。华为构建了扁平化管理组织，用流程体系规范管理和经营活动，将权力赋予"能听见炮火"的人。一旦发现由于组织的原因导致战略前瞻性和组织结构滞后性之间出现矛盾，华为就会尽快调整企业组织结构、业务流程、权责关系等，以适应发展战略的要求。

④激励机制的驱动。华为价值分配向奋斗者、创造者倾斜，导向冲锋，以获取分享制建立薪酬体系，践行"绝不让'雷锋'吃亏，奉献者定当得到合理的回报"。以消费者BG年度"粮食包"的分配为例，其工资性薪酬包可分成日常运营薪酬包和战略薪酬包。战略薪酬包主要用于消费者BG对未来业务竞争力的投入，采用节约不归己的模式，有效促进各BG完成集团战略任务；日常运营薪酬包采用节约归己的模式，以牵引人均效率的持续提升。

（4）战略评估。战略评估就是用市场结果验证战略方向是否正确，战略执行是否到位。如果市场结果跟战略意图没有完全匹配，就需要通过战略复盘进行纠偏；即便匹配，也需要通过复盘不断迭代，支撑公司长期发展。

华为战略评估分为两个层面，一是战略方向正确性评估，二是战略执行有效性评估。华为战略管理部门负责战略方向正确性评估，目的是审视最终的市场结果、市场产出、客户评价是否与前期的差距分析和战略意图保持一致。

当经济形势、产业政策、技术进步、行业状况等因素发生重大变化，或者企业内部经营管理发生较大变化时，提出对战略规划的调整建议。

战略执行有效性评估又可分为过程有效性评估和结果有效性评估。过程有效性评估是在战略任务执行过程中，定期进行差距分析，及时纠偏。以项目经营为例，月初，项目经营团队根据年度目标确定当月的收入目标，并依此确定对应的经营任务令，过程中由项目经营团队负责任务令的落实，次月初进行任务令和财务数据的偏差分析，并作为次月经营管理的参考。这个闭环实际把业务计划管理与项目经营管理有效连接起来，目标/预测、任务令、计划进展、差异分析都及时面向项目组发布，哪个任务做得好、响应及时，对当月财务结果的影响是什么，都一目了然。

结果有效性评估就是绩效管理，是论功行赏的过程。华为强调结果导向：一切用结果来说话，有结果才有军功章。华为采取定性和定量相结合、财务指标和非财务指标相结合的方法开展战略执行有效性评估，并与部门和员工个人的绩效指标强相关；通过评估项目绩效、团队绩效、个人绩效是否达成，来评判战略执行情况。一切以结果为导向是华为战略绩效考核的核心要求。

延伸阅读

左晖的战略选择：坚持做难而正确的事

最大的战略风险是走错方向。如何选择方向，不同发展阶段和管理风格的企业有不同的策略。有的随波逐流，做跟随者；有的审时度势，做开创者。从链家到贝壳，左晖选择了"做难而正确的事"。应该说，在乱象丛生的房地产中介行业，作为一个长期主义者，左晖尝试了一条艰难的路，迈出了构建行业健康秩序的第一步。

1. 2001—2008年，从经验管理到科学管理，提出"不吃差价"，引导行业规范

2001年，左晖创办北京链家房地产经纪有限公司（以下简称链家）。公司成立后不久，就赶上了北京二手房的交易热潮，但随着门店数量、经纪人数量的不断增加，链家遇到了如何在短时间内培养出合格的店经理，以及新增大量门店该如何有效经营的两大难题。

当时链家采用了"新兵扛枪"的办法，店经理只要达到基础能力要求即可上岗，对于尚不具备的能力，则通过组织调整来实现，弱化店经理的职能，将部分管理工作交给区经理去做。这样既符合快速扩张的市场需求，也确保了管理质量。

在这个阶段，大多数房地产中介公司的管理还是粗放的，只要有业绩、有利润，可以说有些不择手段，饱受诟病的就有"吃差价"。在房价快速上涨的年代，"吃差价"来钱快，但链家意识到把客户蒙在鼓里的中介模式具有极大风险，迟早会失去客户的信任，因此中介行业应该赚透明钱、踏实钱。左晖决定一定要打破"吃差价"模式，中介服务的收入只应来自固定费率的佣金。这在今天看来理所应当的商业模式，当时推行起来并不容易，但链家坚持下来了，也引导行业向规范发展。

2. 2008—2014年，推行真房源，建设"楼盘字典"

在房产信息不对称的年代，为了吸引客户，一些经纪人发布虚假房源信息，客户上门后，又以种种理由说看不了房，但推荐其他房源，这种行为对公司声誉和长远发展有很大的负面影响。

2008年，链家开始建立真房源数据库，构建"楼盘字典"，详细记录小区、楼号、门牌号、物业，甚至户型面积等信息。这种基础设施的建设，需要长周期、高成本的投入，还涉及员工的利益分配、系统的开发质量和运营体系。

和传统互联网公司单纯依靠线上流量自己跑通的方式不一样，房地产信息建设必须建立线下的数据采集、运营管理体系，这就需要线下经纪人的大量努力。链家正是凭借线下重资本的门店，先把经纪人变成数据源，再依靠数据采集、运营、清洗的整套流程运营体系，完成了楼盘字典的建设。

链家消除客户的后顾之忧，让客户感觉到更多的诚信，显著改善了客户体验。这大大提高了链家的交易效率，进而增强了竞争力。

经历了十年的高速发展，链家在成为创新型房地产经纪综合运营商的道路上也面临着发展战略、商业模式和人才管理等方面的诸多挑战。2011年，链家聘请IBM公司作为其互联网战略顾问，一起制订了符合企业自身发展目标和市场竞争形势的战略规划——确定建立以房屋买卖业务为核心、租赁业务为支撑、数据业务为基础的主营业务组合；运营模式从单一渠道产品（房源）驱动模式发展为复合型渠道沟通与服务平台的房客源双驱动模式。

战略、销售、人才管理三方面的转型，使链家摆脱了粗放的发展方式，成为其进行全国扩张和互联网化转型的信誉基础与核心驱动力。

2014年，移动互联网冲击中国所有市场，大批互联网团队纷纷借着O2O的大潮杀进房地产赛道。这给传统、保守，以线下为主的房地产中介企业带来了极大的震撼和冲击。这一年，链家开始升级，做以数据驱动的房产服务平台。

3. 2015—2018年，全国快速扩张，尝试平台模式，上线"贝壳找房"

和其他中介同行相比，链家在互联网建设中投入的时间和精力非常大，被左晖视为再创业。2018年2月，贝壳找房App正式上线，这标志着链家由房地产中介走向一个集二手房和新房买卖、租赁于一身的"互联网+"服务平台。贝壳找房既融合了链家花费十多年打造的"楼盘字典"房源系统，又可以通过经纪人合作网络（Agent Cooperation Network，ACN）模式管理中介公司及经纪人。依托ACN，可实现房源信息共享，各家门店经纪人均可参与到一笔交易中，成交后按照不同角色的分佣比例进行分成。

依托链家旗下的房源系统、运营管理经验、经纪人作业工具、人员招聘培训体系等最具优势的数字化与经验化系统，贝壳找房扩张速度很快，成立4个月便进驻全国90个城市，连接1.4万家门店，合作品牌超过50个。

4. 2018年至今，贝壳找房成功上市

2020年8月13日，贝壳找房正式在纽约证券交易所挂牌交易，开盘价35.06美元，较20美元的发行价上涨75%。

2019年，贝壳找房平台成交总额人民币2.13万亿元，占据了中国房地产交易和服务行业的最大市场份额。

可以说，支撑链家跨界互联网成功转型的，就是"以社区为中心的线下门店网络"和"数据与技术驱动的线上运营网络"两张网。一支高水平、稳定的线下团队，以及对数据、交易流程和服务品质的数字化、标准化改造，搭建了行业基础设施，推动了整个行业的正向循环，一点点扭转了消费者认知中根深蒂固的负面形象。

左晖曾经说："我们做一个十年才能收回成本的生意，应该骂的人会少一点。这都是难做的事，如果我们不做，更没人做。"

6.2 当地国家风险

6.2.1 华为对当地国家风险的理解

当地国家风险也称国别风险，是全球化经营公司面临的主要风险之一。华为认为，当地国家风险是由于地缘政治、政权更替、宗教文化、社会发展水平等原因导致公司在当地的资产受损、人员安全得不到保障、产生呆坏账、外汇无法兑出、汇率贬值造成损失的风险。

当地国家风险具体表现在政治风险、社会风险和经济风险。政治风险是指当地国家政治体制、法律法规、监管政策对公司的影响，如政局不稳对企业经营造成巨大冲击。社会风险是指当地国家的贫穷加剧，生存状况恶化（如部分非洲国家长期受困于贫穷、饥饿、卫生、医疗等社会问题），恐怖袭击等不利因素导致经营中断。经济风险是指当地国家经济衰退等不利因素的影响，如希腊主权债务危机。

当地国家风险事件举例如下所示：
- 政局不稳定和社会动乱、文化和宗教冲突及恐怖主义行为。
- 贸易壁垒、出口管制、关税征收、经济制裁等产生的负面影响。

- 许可牌照、环境、健康、安全、隐私和其他监管方面的变化带来的成本增加。
- 未遵从相关法律法规或制裁政策，因此承担法律责任或受负面影响。
- 政权更迭导致项目中断。无论是发达国家还是发展中国家，关乎国计民生、政商联系紧密、投资金额巨大的大型基础设施项目极易成为政权更迭后新政府与前任政府"划清界限"的牺牲品。
- 营商环境欠佳增加隐性成本。例如，政府运转效率不高，行政审批和相关手续繁杂，办理时间较长，针对外商投资企业的优惠政策无法落地等。
- 部分发展中国家的腐败现象，签证办理难、海关扣留货物等风险。
- 宗教文化冲突。全球多数经济体都是宗教国家，尊重当地的宗教信仰和文化传统是必选项，尤其在进行品牌营销、市场推广的过程中，要充分考虑当地客户的宗教和习俗，切不可触碰底线。

6.2.2　华为当地国家风险管理方法

1. 持续关注专业机构的国家风险分析报告

华为与中国出口信用保险公司（以下简称中国信保）建立了良好的合作关系。中国信保对有中资企业经营的主要国家开展风险分析和评级，从2005年开始，每年发布《国家风险分析报告》。该报告立足中国视角，以保障中国企业利益为基本出发点，综合被投资国家的经贸水平、未来发展潜力，并关注地缘政治、历史渊源和外交关系等特殊因素。该报告还对全球投资风险、行业风险和企业破产风险进行分析，最终对国家风险和主权信用风险进行评级，划分为9级，分别用数字1～9表示，风险水平随数字增大依次增高。

为了更好地为中国企业的对外投资经营提供全面信息，中国信保还发布《国别投资经营便利化状况报告》，对中国企业所投资国家的基本信息，投资准入壁垒，退出障碍，投资经营便利化，社会环境便利化，潜在投资机会及中资企业投资经营情况进行分析，并对中资企业的投资发展提出了相关建议。

在国际上，美国的国际国别风险指南（International Country Risk Guide，ICRG）是最权威的风险评级报告，该报告通过政治风险指数、经济风险指数和金融风险指数将国家风险评级，其评级结果被称为"其他评级可以参考的标准"。ICRG的用户包括国际货币基金组织、世界银行、联合国和许多其他国际机构。ICRG认为国家风险由两个基本部分组成：偿付能力和偿付意愿。政治风险与偿付意愿有关，而金融风险和经济风险则与偿付能力有关。

2. 对手的"危"，华为的"机"

1998年，俄罗斯市场一片萧条。一场金融危机使整个俄罗斯电信业停滞，华为的市场开拓也变得非常艰难。一些大的国际电信设备供应商因为看不到短期收益而退出俄罗斯市场。

华为却逆水行舟，知难而上，在"亚欧分界线"的俄罗斯乌法市建立了第一家合资公司贝托—华为合资公司。这家公司由俄罗斯贝托康采恩、俄罗斯电信公司和华为三家合资，采取的经营战略是本地化模式。

在国外巨头纷纷撤资减员的情况下，华为坚持下来，并反其道而行，实施"土狼战术"，派出100多人的经过严格培训的营销队伍到俄罗斯开拓市场。在俄罗斯市场前景十分不明朗的情况下，华为对俄罗斯持续加大投入。从首次"出海"的1996—2000年，华为虽然几乎没有赢得业务，但赢得了客户的信任。当俄罗斯经济回暖时，华为赶上了俄罗斯政府新一轮采购计划的头班车。2000年，华为斩获乌拉尔电信交换机和莫斯科MTS移动网络两大项目，加快了在俄罗斯市场开疆拓土的步伐。华为捕捉到中俄结成战略协作伙伴关系这一变化中隐藏的商机，加快了与俄罗斯企业的合作，最终成了俄罗斯市场上的大赢家。

2002年，任正非在与公司员工的交流会上说道："我们的国际化正面临很好的机会。在中国，可能过一两年就没有很大的市场空间了，但海外市场在蓬勃发展。我到一些国家看过，这些国家相当于十年前的中国，感觉很有希望，我们也有很多机会。我们从来没有遇到这么好的国家市场。以前，我们总是等别人把市场占满后，跟在后面捞点市场份额，现在，我们终于可以在一个国家刚刚启动市场的时候就进入了。譬如说俄罗斯，整个国家比中国大一倍，如果铺光纤的话要铺多少？这不就是我们的机会吗？因此，我们要加紧成为国际公司，各部门也要正确认识和理解市场问题。"[1]

3. 用保险实现风险转移

在应对当地国家风险方面，华为不仅仅关注专业机构的风险报告，也积极投保，用确定的小额保费转移风险敞口。

2004年，华为就尼日利亚电信项目向中国信保投保出口信用保险。2006年后，尼日利亚政局变化，严重影响了该项目的发展，项目款不能如期回收。2007年11月，华为提出索赔申请后，中国信保迅速了解案情，在1个月内即完成理赔流程，及时支付了赔款2 400万美元。

2009年，华为与中国信保签订战略合作协议，华为成了中国信保的战略客户。中国信保为包括华为在内的中国企业保驾护航，提供越来越多的保险产品。

（1）海外投资保险。为投资者及金融机构因投资所在国发生的征收、汇兑限制、战争及政治暴乱、违约等政治风险造成的经济损失提供风险保障，承保业务的保险期限不超过20年。

（2）中长期出口信用保险。为金融机构、出口企业或融资租赁公司收回融资协议、商务合同或租赁协议项下应收款项提供风险保障，承保业务的保险期限一般为2~15年。

（3）短期出口信用保险。为以信用证、非信用证方式从中国出口的货物或服务提供应收账款收汇风险保障。承保业务的信用期限一般为1年以内，最长不超过2年。

（4）买方违约保险。该产品是向中国出口企业提供的、承担因政治风险和商业风险导致的商务合同项下成本投入损失的短期出口信用保险产品，适用于机电产品、成套设备、工程承包、船舶等。

4. 走向全球化

（1）跨文化交融。华为认为，跨文化，跨过的是障碍而不是距离。因此，华为让不同文化背景的人在一起工作，共同打造跨文化团队，最大限度地进行本地

---

[1] 任正非. 在与光网络骨干员工交流会上的讲话. 2002.

化管理。

华为的跨文化管理可以分为三个步骤。一是认知。摘掉文化"眼镜",发现文化差异;二是尊重。抛弃文化偏见,融入当地文化,以当地文化角度进行思考;三是协调。协调母文化与当地文化,找到超越单一文化的目标。

文化差异是跨国企业必须面对的问题。在国际化过程中,华为坚持本土化策略,聘请当地员工,尊重当地文化,求同存异,确立了以共同价值观为核心的文化交流机制,很好地处理了跨文化问题,同时传播了中华文化。

在品牌层面,华为贴近当地消费者的生活。例如,在足球运动风靡的南美洲,华为通过足球营销传递品牌价值。在部分重要市场,华为还签下当地知名球星,用代言讲述华为旗舰产品的故事,充分拉近了与当地消费者的情感距离。

(2)践行本地化。华为在全球开展业务的目的不仅仅是增加销售、获得利润,更要在当地进行长期投资,创造就业,缴纳税金,推动当地科技进步,提升当地产业竞争力,促进社区繁荣,对各国的发展做出应有的贡献,建立双赢的商业生态环境。华为在欧洲的机构就是欧洲公司,在日本的机构就是日本公司,都不是中国的公司。华为推动在全世界建立能力中心,集聚优势资源,汇聚全球人才,支撑华为全球业务发展。

延伸阅读

星巴克如何应对全球化运营风险

全球咖啡连锁品牌星巴克公司(以下简称星巴克),截至2021年年末,在全球84个市场(国家或地区)运营34 000余家咖啡店(自营和授权门店约各占一半),北美洲之外的门店数量占总数的50%。在中国大陆,就有约5 300家门店分布于200个城市,而且中国大陆的门店全部为星巴克自营。

成立于1971年的星巴克,在1996年才开启全球化之路。在20余年国际化进程中,星巴克时刻不忘全球化运营面临的风险,并通过统一品牌形象、融入当地文化、坚持人才本地化、引入合作方等多种形式积极应对挑战。

星巴克2021年的年度报告专项分析了其面临的全球化风险。

星巴克认为，全球化进程需要有成熟市场产生的合理利润和稳定现金流的支撑。当前，星巴克还高度依赖北美地区带来的收入，约占全部收入的70%。如果北美地区收入增长趋势放缓或下降，或者不能在新型冠状病毒肺炎疫情后成功恢复，那么公司整体业绩和财务结果会受到不利影响，经营性现金流减少，导致无法支持国际业务拓展。

同时，星巴克为了实现业绩增长，也越来越依赖国际市场的成功。如果某些重要的国际市场经营不成功，不能达成业绩目标，将对星巴克的合并业绩产生重大不利影响。

星巴克面临的风险具体包括：

- 外币汇率波动，或者当地政府要求以特定货币进行交易。
- 当地国家经济、法律、监管、社会和政治状况的不确定性，以及由于某些市场的反美情绪导致对美国企业的负面影响。
- 税务、海关、劳工、商品、反贿赂和隐私等领域法律法规的解释和适用。
- 外国或美国政府针对贸易和外国投资的限制性行动，特别是美国与当地国家政府机构之间紧张局势加剧的时期，可能受到当地政府贸易保护措施、设定外资持股比例上限等影响。
- 当地政府对进口或其他商业许可的要求。
- 知识产权保护和合同执行环境。
- 对资金汇回美国的限制。
- 在发展中经济体，具备消费能力的人口增长率不及预期。
- 在当地难以招聘并留住高素质员工。
- 语言文化差异、供应链物流不畅、缺少高素质员工等对高质量产品和服务一致性的影响。
- 当地劳工法让与员工谈判、保留或解雇员工变得更加昂贵和复杂。

- 与运营紧密相关的当地新型冠状病毒肺炎疫情防控法规、健康指南和安全规程。
- 由于无法控制的原因，如当地竞争对手抢先或租金过高等，导致没能达成门店扩展目标，进而影响营业收入、净利润和每股收益。

在星巴克的全球化版图中，中国市场有举足轻重的位置，是除美国外的第二大市场，而且保持着最快的增长速度。星巴克特别分析了在中国面临的风险，包括：

- 中美经贸关系的走势。
- 新型冠状病毒肺炎疫情对门店运营的影响。
- 正在进行的政府监管改革，包括公共卫生、食品安全、税收、可持续性发展、应对气候变化等。
- 进入中国精品咖啡市场的新竞争对手。
- 中国经济状况的变化可能对中产阶级人群数量、工资、劳动力、物价、可自由支配支出、供应链成本带来的影响。

星巴克的全球化之路虽然也偶有坎坷，但总体而言是非常成功的。这一定程度上归因于星巴克的风险思维，不回避问题，不忽视困难，把影响发展的各种因素考虑得很充分，并制定系统化的应对策略。星巴克应对全球化经营风险的核心策略有以下四点。

1. 保持对当地经济和政策的敏感性

星巴克的每次拓展，都选择在当地经济腾飞之初或欣欣向荣之时。例如，在亚洲经济崛起时，进入几乎所有的亚洲"四小龙、四小虎"国家和地区；在欧元区如日中天时，开启欧洲之旅；敏锐地觉察政府态度的改变，从而进入印度。

星巴克在1999年进入中国大陆市场，正值改革开放20年，中国大陆一二线城市经济发展迅速，消费红利巨大，消费升级趋势显现，人们对于休闲消费品的需求随着可支配收入增加而提升，精品咖啡市场在当时仍为蓝海市场。

星巴克一直保持对当地国家或地区经济和政策的高度敏感性，并与政府良好沟通。

2. 新进入市场时，引入当地合作方分担风险

无论星巴克多么看好某个国家或地区的市场，也不会进入之初就直营，而是找到熟悉当地市场的合作伙伴，成立合资公司，将经营模式特许给合资公司。这很大程度上规避了星巴克的投资风险和当地国家风险，还节省了大量的资金。

星巴克在中国大陆及港澳地区也以先联营再逐步收回合资公司股权的方式经营，选择了解当地市场，经营规模大且经营模式成熟的企业合资并授予代理权。在华北地区，与汉鼎亚太合资成立北京美大星巴克公司，并授予华北区代理权；在华东地区，与台湾统一集团合资成立上海统一星巴克公司，并授予江浙沪代理权；与香港美心公司合资成立美心星巴克公司，并授予南方地区和港澳地区代理权。2003年，星巴克开始逐步收回股权，转为直营模式经营，加强控制。到2017年，星巴克实现了中国大陆地区的全部直营。

3. 坚持全球统一的品牌理念

无论在哪个国家，只要走进星巴克，你都会体验到星巴克的高品质服务和相同口味的产品。作为国际化品牌，星巴克高度重视打造品牌力。星巴克以人文精神为起点输出企业价值观，坚持提供最优的顾客体验和高品质咖啡。星巴克正面价值观的输出和企业文化渗透有助于产生品牌溢价，在获得顾客对品牌认同感的同时，培养忠实顾客群。

星巴克充分运用"第三生活空间"式的体验，在消费者的需求由产品转向服务，再由服务转向体验的时代，成功创立了以"星巴克体验"为特点的"咖啡宗教"。星巴克赋予了一杯咖啡更丰富的体验和更深层次的文化内涵。

4. 融入当地社会和文化，倡导人才本地化

星巴克在坚持全球统一品牌和服务流程的同时，也结合当地的文化、政策、消费群体的特点制定相应的营销发展策略，融入当地社会和文化，投身社会责任事业，成为一家本地企业。例如，星巴克在中国云南普洱建立了星巴克中国咖啡种植者支持中心，旨在整合和促进可持续种植规范在当地的推广，助力云南咖啡产业发展。星巴克也非常重视人才本地化，不断从本地招揽精英，组建本地化管理团队，在企业文化和品牌价值的引领下，灵活应对市场变化，更好地满足消费

者需求，还能降低综合成本。

星巴克国际化的过程虽不可复制，但其数十年如一日对咖啡品质、店内极致体验的追求和对顾客、合作商、伙伴等所有人的尊重，是各类企业布局国际市场、开拓异地市场的学习样板。

6.3 合规风险

6.3.1 华为对合规风险的理解

合规风险是公司及其员工在经营管理过程中，因未能遵循法律法规、监管要求、规则、自律性组织有关准则及适用于公司自身业务活动的行为准则，而可能遭受法律制裁或监管处罚、重大财务损失或声誉损失的风险。

合规的"规"可以细分为三个层次：一是法规，即遵守公司总部所在国和经营所在国的相关法律法规；二是规则，即行业准则和公司的规章制度，包括企业价值观和商业行为准则；三是规范，即遵守公司内部流程规范、操作指引。

根据ISO 19600合规义务定义，合规义务包括合规要求和合规承诺。合规要求是指企业外部环境中，国家、行业、社区等外部组织对企业生产经营必须合规的强制法律、法规、条例、指引，是强制企业必须遵循的。合规承诺是企业为了赢得市场和客户信赖的主动合规誓言。违反了合规要求，企业要被当局处罚；违反了合规承诺，市场和客户会投反对票。

华为认为，最易发生合规风险有如下六个领域。

一是商业腐败。商业腐败行为一旦发生，就会影响市场公平竞争，对社会、经济及企业的自身发展都有十分恶劣的影响，当事人和企业都将受到法律的严惩。

二是贸易合规。为了实现打击恐怖主义、实施经济制裁、维护国家安全等目的，联合国、欧盟和中国、美国等均出台了相应的出口管制和制裁法律法规。一旦触碰管制措施，企业将付出沉重的代价，不但被禁运禁售，还可能被处以巨额罚款。

三是金融合规。反洗钱、反恐怖主义融资，以及对特定国家、组织或个人的金融制裁，往往是企业容易忽略的合规风险点。尤其在国际贸易中，企业应避免与黑名单客户有任何业务往来，实现对各业务领域事前、事中和事后的金融合规管控。

四是网络安全与隐私。全球网络安全与隐私保障是信息通信企业的生命线，一旦出现客户隐私泄露的情况，企业将遭受严重的信任危机，极可能被客户抛弃，并面临巨额赔款。

五是知识产权与商业秘密。不当获取、不当披露、不当使用及不当处置公司或他人商业秘密，侵犯他人知识产权，可能遭遇诉讼和赔偿。

六是合作方违规。供应商或其他合作伙伴如果违反社会责任行为准则和诚信廉洁承诺，可能给企业带来负面影响。

表面看来，合规风险是很容易管理的，因为"规"都显而易见。外部的法律法规、监管提示都是公开信息，内部的制度规定也明白可查，只要把"规"都找出来，打上标识，开展业务时"绕着走"，不触碰合规底线，就万事大吉。但实际上，合规问题屡屡发生。从美国安然公司因为会计造假轰然倒下，到多家跨国企业遭受监管处罚、声誉受损，由于合规问题而受到严重影响的企业不在少数。究其原因，可以总结为以下三方面。

（1）重视不足，投入有限。工商制造类企业普遍对合规管理重视不足，投入有限，表现在：一是企业没有持续开展合规风险识别评估工作；二是没有做到100%覆盖，留有死角；三是企业使用的合规风险识别方法存在技术问题，导致没有识别出某个具体的合规点。遗漏法律法规，连规矩都不全，合规就只有一个"合"字，无"规"可循。

（2）侥幸心理，蒙混过关。当合规风险已经被识别时，由于某种原因，企业仍以为是小概率事件，认为不需要"小题大做"，没有采取措施进行管理，或者采取了管理措施，但只是应付，流于形式。这种心存侥幸、蒙混过关的心态只会埋下隐患。

（3）铤而走险，明知故犯。企业管理层知道合规的重要性，但是为了追求短期利益，仍然选择铤而走险，策划舞弊。其实，所有违规都将被人所知，铤而走险只会让企业走向衰亡，当事人轻则禁止从业，重则触犯法律，承担刑事责任。

6.3.2 华为合规风险管理方法

1. 构建合规管理体系

华为一直坚持诚信经营、恪守商业道德、遵守所有适用的法律法规的核心理念，在企业内部重视并持续营造合规文化，要求每位员工遵守商业行为准则，将合规管理端到端地落实到业务活动及流程中。

任正非曾说："合规是公司管理的刚性要求，法律遵从是我们的原则和红线，华为的各级机构和全体员工必须严格遵守，业务主管要对合规管理承担责任。合规管理包括对外合规和内部合规，基本目标是遵循、符合公司内外的强制性规定和自愿性承诺。对外合规要求华为的各级机构和全体员工的经营管理行为必须符合法律法规、国际条约、监管规定、行业准则等强制性规定。我们对合规风险进行程度等级的划分，并不意味着可以接受这些合规风险。合规管理的责任人是业务主管，要对自己的合规风险负责；其他机构是监督和辅助机构，不要多头管理，要进一步整合多头管理。内部合规是对公司内部规章制度、流程等遵从要求，华为各级机构和员工也应当遵守，但内部流程可以不断优化，这个过程中如果有过错，也可以内部纠正处理。"[1]

华为任命首席合规官统一管理公司合规工作并向董事会汇报。各业务部门、全球各子公司也都设置了合规官并成立合规组织，负责本领域的合规管理。他们的职责是，根据适用的法律法规，结合业务场景，识别与评估风险，设定合规目标，制定相应的管控措施并落实到业务活动及流程中，实现对各业务环节运作的合规管理与监督。重视并持续提升员工的合规意识及能力，通过培训、宣传、考核、问责等方式，使员工充分了解公司和个人的合规遵从义务和责任，确保合规遵从融入每位员工的行为习惯。

---

[1] 任正非. 任总在"合同在代表处审结"研讨会上的讲话. 总裁办电邮讲话[2019]111号.

在集团层面，华为构建了符合业界标准的合规风险管理体系，如图6-4所示。

构建符合业界标准的合规风险管理体系

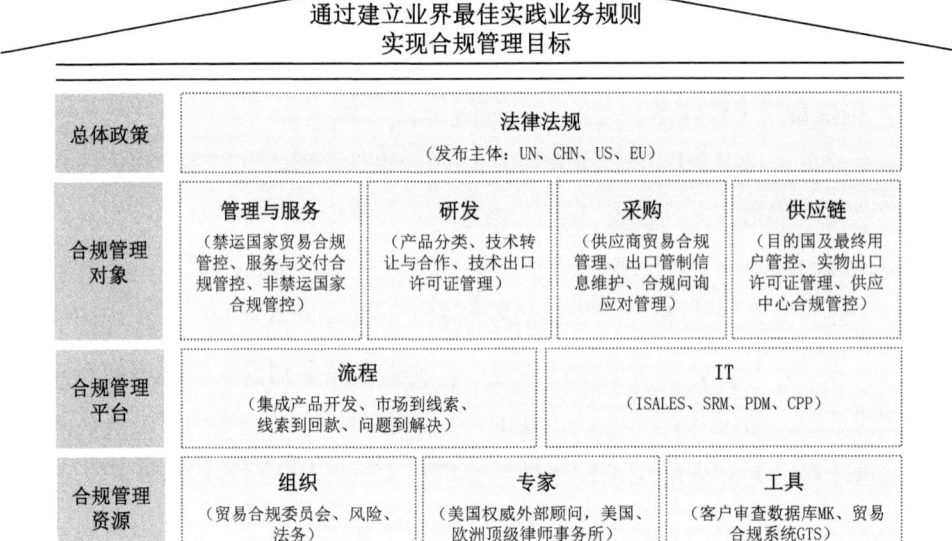

通过建立业界最佳实践业务规则
实现合规管理目标

总体政策	法律法规（发布主体：UN、CHN、US、EU）			
合规管理对象	管理与服务（禁运国家贸易合规管控、服务与交付合规管控、非禁运国家合规管控）	研发（产品分类、技术转让与合作、技术出口许可证管理）	采购（供应商贸易合规管理、出口管制信息维护、合规问询应对管理）	供应链（目的国及最终用户管控、实物出口许可证管理、供应中心合规管控）
合规管理平台	流程（集成产品开发、市场到线索、线索到回款、问题到解决）		IT（ISALES、SRM、PDM、CPP）	
合规管理资源	组织（贸易合规委员会、风险、法务）	专家（美国权威外部顾问，美国、欧洲顶级律师事务所）		工具（客户审查数据库MK、贸易合规系统GTS）

图6-4 华为合规风险管理体系

在子公司层面，华为设立了监督型董事会，对各子公司的合规运营进行管理和监督，采取以下关键措施：将合规考核纳入业务组织关键业绩指标并设立奖惩机制，牵引各子公司的资源投入；在集团统一合规要求的指引下，基于当地法律要求制定子公司合规管理政策和制度，确保业务所在国的合规遵从；在充分识别与评估风险的基础上设定年度合规管理目标，制定管控措施并定期审视工作进展，确保措施落实；通过业务自检、合规组织专业检查及内部独立审计，检验合规管理机制的有效性，并根据检查结果持续优化管理。

经营视角下华为子公司合规风险全景图如图6-5所示。

第6章 华为重大风险管理实践

- 反商业贿赂
- PR风险

- 劳工签证
- 劳务用工（人员外包）
- 员工个税
- 反骚扰、反歧视
- 工会/罢工
- 内控
- 隐私与数据保护

- 公司治理遵从
- 知识产权
- 会计准则遵从
- 法定审计遵从
- 税务遵从
- 外汇管理
- 资金管理
- 资不抵债

- 反垄断等不正当竞争

政府机构
↑
政府关系
- 公司运营
- 人员管理
- 财经
- 资产管理
↓
竞争对手关系
↓
竞争对手

供应商
采购
- 贸易合规
- 供应商身份尽调
- 海关进出口遵从
- 签约授权规范性
- 内控

客户

营销和销售
- 客户身份尽调
- 反不当销售（误导客户）
- 贸易合规
- 网络安全
- 回款管理
- 反商业贿赂

交付与售后服务
- 反洗钱
- 反商业贿赂
- 健康安全环保
- 贸易合规
- 网络安全
- 数据保护

图6-5 华为子公司合规风险全景图

2. 对商业腐败"零容忍"

商业腐败行为影响市场的公平竞争，对社会、经济及企业的自身发展都有十分恶劣的影响。华为坚持诚信经营，恪守商业道德，遵守业务所在地所有适用的反商业贿赂法律法规，对腐败和贿赂行为持"零容忍"态度。

华为从合规文化、治理与监督、合规风险评估，以及防范—发现—应对—持续运营四个方面持续强化集团和子公司两层反商业贿赂合规（Anti-Bribery Compliance，ABC）体系。

商务稽查部作为ABC主责部门，负责ABC体系建设与合规管理。华为各业务集团、业务单元、区域、代表处等均指定了责任人，有效承接ABC职能，支撑ABC体系运作。

华为还采取了以下关键措施实施反商业贿赂：

- 发布《反腐败声明》《华为公司反腐败政策》《华为公司合作伙伴反腐败政策》，以及针对具体业务的合规指引，阐明对腐败和贿赂"零容忍"的基本态度，明确对员工和第三方的ABC要求。

- 持续提升员工的ABC意识，在《华为员工商业行为准则》《员工行为管理细则指引》等文件中明确ABC要求，通过面向全员的培训、签署承诺文件、考试等方式向员工有效传递并确保员工遵从ABC要求。
- 重视对第三方的ABC管理，针对与华为有业务关联的第三方，采取风险评估、尽职调查、培训、签署承诺文件等方式，有效管控ABC风险。
- 鼓励员工和第三方进行违规举报，以帮助提升ABC体系的有效性。

3. 高度重视贸易合规和金融合规

从贸易制裁到金融制裁，美国凭借在顶尖科技领域的话语权，以及以美元为霸主的国际金融体系，建立起一套自己控制的国际制裁体系。如果遭受美国制裁，企业就面临交易禁止、资产被冻结或没收的风险，既造成直接经济损失，也影响企业声誉，以及国际业务的正常开展。

在强者制定规则的商业世界，华为对贸易合规和金融合规保持高度谨慎，无法改变规则，就去理解规则，在规则内求发展。华为建立了国际制裁合规风险数据库并保障动态更新，跟进联合国、美国与欧盟最新的制裁规定，按照国际制裁名单和决议要求进行合规风险识别和分析，建立国际制裁风险事件库。

以合作方主体资格审核为例，华为建立了"数据权威—动态更新—模糊匹配—股权结构—专业复查"的整套流程。

- 数据权威：全球最大的咨询数据提供商（覆盖现有主流黑名单）。
- 动态更新：道琼斯数据24小时动态刷新，扫描工具每天对存量主体进行全景扫描。
- 模糊匹配：根据"编辑距离"算法，模糊匹配，对国家、地址、公司名称三类信息进行扫描。
- 股权结构：穿透核查被制裁对象及其关联主体及高管个人。
- 专业复查：人工进行信息判断及专业解读。

（1）贸易合规。华为致力于遵从业务所在国所有适用的法律法规，包括联合国、欧盟、中国、美国等适用的出口管制和制裁法律法规。经过多年的持续投入和建设，华为已经建立了一套成熟、可持续并符合业界实践的贸易合规内部遵从体系。

华为积极对标业界最佳实践，成立了跨集团职能部门及贯穿区域业务的贸易合规管理组织。在全球配置专业团队，跟踪外部法律法规变化，将贸易合规嵌入公司制度与流程，实现对采购、研发、销售、供应、服务等各个业务环节运作的贸易合规管理与监督。

华为在全公司范围对管理层和员工提供各种形式的贸易合规培训，并结合具体业务场景有针对性地赋能，使员工充分了解公司和个人在出口管制上的义务和责任。在相关实体被美国商务部列入实体清单后，华为第一时间重申出口管制合规要求并落实各项管控措施，及时与客户、供应商和其他合作伙伴进行沟通，持续增强彼此的理解与信任。

（2）金融合规。华为切实履行自身的法律义务与社会责任，重视对金融制裁、反洗钱、反恐怖主义融资等金融合规风险的管理，持续建设金融合规文化，强化员工金融合规意识。华为基于国家、客户、交易类型等要素管理金融合规，在采购、销售和资金流程中嵌入关键控制点，并持续优化IT系统，实现对各业务领域事前、事中和事后的金融合规管控。

在以下金融业务中，华为制定了金融合规操作要求。

- 收付款：客户及供应商银行。
- 信用证：开证行、通知行、交单行、清算行。
- 保函：开立行、转开行、通知行。
- 投资、融资、外汇业务：所有金融机构。
- 销售融资：保理公司、银行、信用保险机构。

4. **加强网络安全与隐私保护**

构筑并全面实施端到端的全球网络安全与隐私保障体系是华为的重要发展战略之一。华为在遵从法律法规、国际标准并参考监管机构、客户要求和行业最佳实践的基础上，不断完善有效、可持续、可信赖的网络安全与隐私保护保障体系，并积极与政府、客户及行业伙伴加强合作，共同应对网络安全与隐私保护方面的挑战。

华为设立了全球网络安全与用户隐私保护委员会，作为公司的最高网络安全与隐私保护管理机构，负责决策和批准公司总体网络安全与隐私保护战略。华为还任命了全球网络安全与用户隐私保护官（Global Cyber Security and Privacy Officer，GSPO），负责领导团队制定网络安全与隐私保护战略和政策，管理和监督网络安全与隐私保护在各体系、各区域、全流程的实施，积极推动与政府、客户、消费者、供应商、合作伙伴、员工等各利益相关方的沟通。华为设立了全球网络安全与用户隐私保护办公室，作为网络安全与用户隐私保护领域合规主责部门，协助GSPO完成战略及政策的制定和落地执行。

在各业务领域，华为从政策、流程、工具、技术和规范等方面构筑并全面实施端到端的全球网络安全与隐私保障体系，采取以下关键措施确保网络安全与隐私保护：

- 在公司层面发布《关于构筑全球网络安全保障体系的声明》及《华为隐私保护总体政策》，明确华为在网络安全与隐私保护上的基本态度、总体原则和要求。

- 各业务部门基于业务场景和风险人群，识别网络安全与隐私保护风险并制定相应管理要求，并将管理要求融入相关业务流程、IT系统和工具中。

- 建立端到端网络安全与隐私保护验证体系，例行开展度量、稽查、内部审计活动，并设立独立于业务体系的组织对华为产品和服务进行验证，针对发现的问题持续进行管理改进。

- 为了更好地进行合规管理，华为还在内部建立了问责机制，发布《网络安全与隐私保护违规问责定级标准》，对违规行为进行问责。

华为明确各级业务主管、各级流程责任人是所辖业务和流程的网络安全与用户隐私保护第一责任人，承担法律责任。

同时，华为还与第三方合作，开展测试、认证、外部审计等活动，不断提升网络安全与隐私保护管理水平。面向全员例行开展网络安全与隐私保护意识培训教育与考试，针对管理者、高风险人群等进行专项培训。

5. 保护知识产权与商业秘密

华为坚持长期投入研究与开发，不断加强自身的知识产权积累，是目前全球最大的专利持有企业之一。持续创新是华为基业长青的基石，是华为30多年来生存和发展的根本。华为坚信，尊重和保护知识产权是创新的必由之路。作为创新者及知识产权规则的遵循者、实践者和贡献者，华为注重自有知识产权与商业秘密的保护，也尊重他人知识产权与商业秘密，禁止员工不当获取、不当披露、不当使用及不当处置他人商业秘密。

华为与全世界主要信息通信企业达成了专利交叉许可，并积极通过自身实践促进行业和国家的创新和知识产权环境的完善。

公司信息安全与商业秘密保护部负责构建商业秘密合规遵从管理体系，确保从氛围、流程到问责整体机制的落地，并通过各业务领域、区域合规组织落实保护他人商业秘密的合规管理要求。华为还设立了全球商业秘密立法跟踪机制，主动和司法机关、律师事务所等机构沟通交流。

此外，华为还采取了以下关键措施保护他人商业秘密：

- 颁布《关于尊重与保护他人商业秘密的管理规定》，对员工在商业活动中尊重与保护他人商业秘密提出明确要求，确保员工合法、合约地开展各项业务活动。
- 将保护商业秘密的管理要求融入研发、销售、采购、人力资源等业务流程，定期审视并结合业务运作中发现的问题和案例持续进行管理改进。
- 向全员开展商业秘密保护宣传、培训、考试，使员工充分知悉商业秘密合规遵从的义务及责任。
- 通过检查、审计等方式对保护他人商业秘密工作情况进行监督，确保政策、制度及流程有效落地。
- 建立问责机制，发布《关于侵犯他人商业秘密违规的问责制度》《信息安全违规问责定级标准》等文件，对违规行为进行问责。

6. 合作方合规管理

在供应商合规管理方面，华为要求供应商合规运营，遵守供应商社会责任行为准则和诚信廉洁承诺。华为鼓励供应商进行合规管理体系建设并构筑合规专业能力，向供应商传递合规要求，开展尽职调查，主动停止与不合规、不诚信供应商的合作。

华为也非常重视对各类合作伙伴的合规管理，将合规要求纳入合作伙伴管理政策，并嵌入合作伙伴认证体系，要求各类合作伙伴学习和签署行为准则，牵引合作伙伴构建合规管理能力。对合作伙伴进行适当的尽职调查及真实性验证，鼓励违规举报，处罚合作伙伴违规行为，停止与不合规、不诚信合作伙伴的合作。

对于最易发生合规问题的采购业务，华为明确划定了采购红线：

- 员工之间或与供应商串通舞弊，蓄意谋取不当利益。
- 收受供应商贿赂，私自接受供应商不当馈赠，不当接受供应商款待。
- 向供应商借款、借车或一起赌博等有利益输送嫌疑的行为。
- 动用供应商资源为自己及亲朋好友、部门活动办事。
- 在采购活动中蓄意伪造文档，弄虚作假，选择性提供信息，影响合理决策。
- 泄露公司的商业机密或采购机密信息。
- 投资或任职关联供应商，未主动申报关联关系。
- 不相容职位未分离。
- 以个人名义对外承诺，与供应商单独接触。

以消费者业务渠道管控和营销费用为例，华为划定了"高压线"，如表6-3所示。

表6-3 消费者业务渠道管控及营销费用"高压线"

类别	"高压线"描述	违规级别
渠道管控	员工或其直系亲属在经销商/渠道/代理商入股或任职、兼职，未主动申报并产生关联交易的	一级
	伪造渠道激励协议或签订"阴阳合同"（阴阳合同指同一次交易中，在客户界面和公司界面分别签订两份不同的合同）	一级
	伪造资料及数据等，套取返利、价保款、营销费用及信用政策	一级
	未经公司同意，先签合同后认证或提交渠道商虚假资质证明材料，帮助不合格客户通过公司认证	二级

续表

类别	"高压线"描述	违规级别
营销费用	伪造营销协议	一级
	私建体外资金池	二级
	虚假验收	二级
	挪用营销费用补贴商务，包括但不限于用营销费用支付返利、价保、合同中未列明是营销费用的条款等	二级
	绕过指定采购流程（《消费者BG客户指定采购暂行规定》），执行客户指定供应商的联合营销活动并付款	二级

延伸阅读

企业合规不起诉制度及案例

合规不起诉，字面理解是企业只要合规经营，就有机会免于被检察机关起诉；准确定义是检察机关对于办理的涉及企业的刑事案件，在依法做出不批准逮捕、不起诉决定或根据认罪认罚从宽制度提出轻缓量刑建议等的同时，针对企业涉及的具体犯罪，结合办案实际，督促涉案企业做出合规承诺并积极整改落实，促进企业合规守法经营，减少和预防企业犯罪。

所以，合规不起诉制度包括合规不批捕、合规不起诉、合规从宽量刑建议、合规从宽处罚建议等多重含义。

2020年3月，最高人民检察院"企业合规不起诉制度"在上海、江苏、山东、广东等地六家基层检察院开展了第一期试点工作。试点要求，检察院在办理涉企犯罪案件时，对符合企业合规改革试点适用条件的，在依法不捕、不诉或提出轻缓量刑建议等的同时，针对企业涉及的具体犯罪，督促涉案企业做出合规承诺并积极整改落实，促进企业合规经营。

2021年4月，最高人民检察院下发《关于开展企业合规改革试点工作的方案》，正式启动第二期企业合规改革试点工作，第二期试点涉及北京、辽宁、上海、江苏、浙江、福建、山东、湖北、湖南、广东十个省或直辖市。

之后，最高人民检察院分两批公布了企业合规改革试点典型案例。企业合规不起诉制度在强制企业完善合规体系、及时弥补损失、稳定市场秩序、优化营商环境等方面具有重要意义。

在典型案例中，深圳X公司走私普通货物案体现了检察机关积极探索检察履职与企业合规的结合方式，发挥少捕、慎诉等刑事司法政策的优势，激励企业加强合规管理。

基本案情简述：X股份有限公司（以下简称X公司）自2018年开始，从其收购的T公司进口榴莲销售给国内客户。张某某为T公司总经理，负责在泰国采购榴莲并包装、报关运输至中国香港；曲某某为X公司副总裁，分管公司进口业务；李某、程某分别为X公司业务经理，负责具体对接榴莲进口报关、财务记账、货款支付等。

X公司进口榴莲海运主要委托深圳、珠海两地的S公司（另案处理）代理报关。在报关过程中，由S公司每月发布虚假"指导价"，X公司根据指导价制作虚假采购合同及发票用于报关，报关价格低于实际成本价格。2018—2019年，X公司多次要求以实际成本价报关，均被S公司以统一报价容易快速通关等行业惯例为由拒绝。2019年4月后，双方商议最终决定以实际成本价报关。

2019年12月12日，张某某、曲某某、李某、程某被抓获归案。经深圳海关计核，2018年3月—2019年4月，X公司通过S公司低报价格进口榴莲415柜，偷逃税款合计397万余元。案发后，X公司规范了报关行为，主动补缴了税款。2020年1月17日，深圳市人民检察院以走私普通货物罪对张某某、曲某某批准逮捕，以无新的社会危险性为由对程某、李某做出不批准逮捕决定。2020年3月3日，为支持疫情期间企业复工复产，根据深圳市人民检察院建议，张某某、曲某某变更强制措施为取保候审。2020年6月17日，深圳海关缉私局以X公司、张某某、曲某某、李某、程某涉嫌走私普通货物罪移送深圳市人民检察院审查起诉。

2020年3月，在深圳市人民检察院的建议下，X公司开始启动为期一年的进口业务合规整改工作。X公司制订的合规计划主要针对与走私犯罪有密切联系的企业内部治理结构、规章制度、人员管理等方面存在的问题，制定可行的合规管理规范，构建有效的合规组织体系，完善相关业务管理流程，健全合规风险防范报告机制，弥补企业制度建设和监督管理漏洞，防止再次发生类似的违法犯罪行为。经过前期合规整改，X公司在集团层面设立了合规管理委员会，合规部、内控部与审计部形成合规风险管理的三道防线。加强代理报关公司合规管理，明确在合同履行时的责任划分。聘请进口合规领域的律师事务所、会计师事务所对重点法律风险及其防范措施提供专业意见，完善业务流程和内控制度。建立合规风险识别、合规培训、合规举报调查、合规绩效考核等合规体系运行机制，积极开展合规文化建设。X公司还制定专项预算，为企业合规体系建设和维护提供持续的人力和资金保障。

深圳市人民检察院于2020年9月9日对X公司及涉案人员做出相对不起诉处理，X公司被不起诉后继续进行合规整改。

在最高人民检察院将企业合规不起诉作为制度发布之前，2016年，雀巢（中国）有限公司成为"中国合规无罪抗辩第一案"［（2016）甘0102刑初605号］的当事人。在该案中，雀巢公司员工犯侵犯公民个人信息罪被判处有期徒刑，并处以罚金。庭审中，辩护人提出本案系单位犯罪，应追究雀巢（中国）有限公司、公司主管人员、直接负责人员的刑事责任。法院认为，经查证言和雀巢公司相关政策、员工行为规范等，证明雀巢公司不允许向医务人员支付任何资金或其他利益，不允许员工以非法方式收集消费者个人信息。对于这些规定要求，雀巢公司要求所有营养专员接受培训并签署承诺函。被告人郑某、杨某甲、杨某、李某某、杜某某等明知法律法规及公司禁止性规定，为工作业绩而置法律规范、公司规范于不顾，违规操作进而贿买医务人员，获取公民个人信息的行为，并非雀巢公司的单位意志体现，故本案不属于单位犯罪，对该辩护意见不予支持。

试想，如果雀巢公司没有防范合规风险的意识，没有一系列合规行为，那么雀巢公司将不仅仅损失公司名誉，而且有极大可能被认定为单位犯罪。可见，合规管理体系可阻断"个人犯罪—单位犯罪"的联系，是确保遵纪守法的企业和管理人员得到法律保护的"风险隔离墙"。

2022年4月2日，最高人民检察院会同中华全国工商业联合会专门召开会议，正式"官宣"涉案企业合规改革试点在全国检察机关全面推开。

6.4 财务风险

6.4.1 华为对财务风险的理解

华为对财务风险的定义是，由于多种因素的影响，导致公司资金资产损失、财务结构失衡等对公司当期或长期经营结果和声誉产生影响的风险，如财务报告风险、流动性风险、税务风险、汇率风险、银行账户风险等。

1. 财务报告风险

财务报告是反映企业某一特定日期财务状况和某一会计期间经营成果、现金流量的文件。编制、对外提供和分析利用财务报告，应关注以下风险：

- 编制财务报告违反财经法规和会计准则，导致企业承担法律责任和声誉受损。
- 提供虚假财务报告，误导财务报告使用者，造成决策失误，干扰市场秩序。

2. 流动性风险

如果把企业比作人体，资金就是血液，一旦血流不畅或失血过多，就会危及生命。资金管理的目标是将资金的"水位"维持在合理水平，并通过资金的循环流动为公司创造价值。筹资活动、投资活动、经营活动都将影响公司的现金流。

华为对现金流非常重视。任正非曾说："未来最危险的问题就是现金流，一定要高度重视。我们将来如果出现大问题，就是现金流枯竭。因为这是企业生存的瓶颈，业界很多公司死就死在这个上面。德隆有什么问题？它就是现金流中断了，项目不能软着陆，所有银行同时逼它还款，这样经营的链条就断掉了。所以这就叫作现金为王。因此我认为，如果死，我们就死在现金流上。我们不会死在利润上，没有利润，我们卖房子、卖土地，还能扛个几年，没有现金流，我们很快就破产了。"[1]

---

[1] 任正非. 加强货款回收，改善现金流. 2006.

3. 税务风险

税务风险包括两方面：一方面是企业的纳税行为不符合税收法律法规，应纳税而未纳税、少纳税，从而导致企业面临补税、罚款、加收滞纳金、刑罚处罚及声誉损害等风险。另一方面是企业经营行为适用税法不准确，没有用足有关优惠和减免政策，承担了不必要的税负。

对于在170个国家和地区开展业务的华为，要做到"按章纳税"并不容易。尽管华为在当地聘请了熟悉税收政策的服务机构进行税收筹划，但由于税收政策复杂度高，尤其一些新兴经济体政策变化快，因此，如何将税收风险敞口控制在可接受范围内，仍是华为要解决的重大问题。

4. 汇率风险

汇率风险主要指外汇汇率波动对企业收入、现金流、资产和负债的水平及其波动性带来的影响。进一步延伸，也包括由于外汇管制政策的不确定性导致企业无法按计划进行外汇汇出的汇困风险。

在华为财经体系中，记账货币多达数十种。任何一个国家的外汇管制、任何一个币种的汇率剧烈变动，都会影响华为的资金安排和财务收益。因此，华为对汇率风险非常重视，对外汇敞口进行预测和分析，制定风险对冲策略。

5. 银行账户风险

银行账户风险指因银行账户设立及使用不符合法律规定而遭受外部处罚，或未经适当授权批准私自设立、变更或撤销银行账户及账户管理混乱造成资金截留等导致的资金安全风险。

华为与几百家银行有业务合作，在每家银行都有数个账户。如此多的银行账户，如果没有规范、严格的管理流程，极易导致合规问题或资金损失。

6.4.2 华为财务风险管理方法

1. 持续的财经体系变革

今天，华为财经体系被企业界视作学习的典范，但华为的财经管理曾经备受诟病，华为内部对财经体系的批评也毫不留情面：

- 只是记账，没有参与业务。
- 只有工号是可信的，财务数据不可信。
- 派到区域和子公司的财务人员主要管费用报销。
- 财务IT系统与业务IT系统分离，数据滞后严重。
- 费用报销平均要走15天的流程。
- 关账时间滞后，加班加点严重。

华为财经人员知耻而后勇，持续开展变革。1998年开始实施"四统一"，通过"统一流程、统一制度、统一监控、统一编码"实现公司内部核算的统一，实现核算的分层次、分模块、多维度报告需求。实行财务集中管理，打破法人实体概念，重新建构公司的运行逻辑，这是华为财经管理的最大特色。全球统一的会计核算与审计监控如同长江的堤坝，保证了财经管理的有效开展。

2005年，华为开始进行账务共享中心建设，先后在全球建立了七个账务共享中心，分布在中国（分别位于成都、深圳）及马来西亚、罗马尼亚、毛里求斯、阿根廷、巴西。这些共享中心分布在不同的时区，可以不受时差影响，实现"日不落"循环结账。

2007年，华为又实施了集成财经体系（Integrated Financial Service，IFS）变革，培养了数千名优秀的财务总监。他们把规范的财务流程植入华为的运营流程，实现了收入与利润的平衡发展。

2013年，IFS子项目报告与分析模块上线后，华为报告的及时性、准确性大幅提高：财务报告、管理报告两套报告的初稿在3天内出具，管理报告终稿在5天内出具，年度报告终稿在10天内出具。整个报告的关键指标被做成了"仪表盘"，有权限的管理者可以动态监控公司的关键指标达成情况。

考虑到华为有超千亿美元的营业收入，业务遍及170个国家和地区，财务报告要遵循中国会计准则、国际会计准则、当地国家的会计准则，华为能在如此短的时间内出具所有报告，实属不易。

2018年，华为开始实施集成预算预测变革项目。这一变革聚焦于财务战略、预算、预测、经营管理、管理报告和法人财务等内容，通过经营循环拉通业务和财务，构建可信的预算管理体系，确保经营报告高效和法人预算可集成、可应用，以及经营管理数据丰富、全面、实时、透明，以支撑公司业绩的有效增长。

2. 财务风险控制的三角联动、三层审结机制

华为在英国伦敦、日本东京、美国纽约三座城市分别设立财务风险控制中心。

华为伦敦财务风险控制中心是华为设立的第一个财务风险控制中心。英国有成熟的制度、规则，英国的法律、金融、税务等制度框架被各国广泛采用。英国金融从业人员超过100万人，并且资深金融人才的薪酬水平低于中国。华为伦敦财务风险控制中心通过大量引入高端财务人员，对财务策略与财务架构进行独立评估，并以此建立确定的规则。这使华为伦敦财务风险控制中心可以在账务、税务、资金三个关键作业领域，对流程设计、财务策略、作业质量、合规风险进行端到端的管理；通过规则的确定性应对结果的不确定性，为华为全球提供金融政策、税务政策及操作规则的指引。2015年，伦敦财务风险控制中心管理了178个国家和地区、145种货币、5万多亿元人民币的结算量。

东京财务风险控制中心主要进行项目管理。日本人有极强的精细化作业能力，能够将复杂的事情简单化，确保简单的事情一次做对。日本人在项目基线与预算管理上非常认真，在项目风险管理上坚持的理念是"可以有异常，不能有意外"。华为在东京设立财务风险控制中心，围绕项目经营的各个环节，如商业设计、谈判、风险评估、履行监控、完工决算等，审视管理机会点并及时改进。

美国经济周期及美元走势直接影响全球经济，而纽约是美国金融行业走向的风暴眼与决策汇聚地，因此，纽约作为金融中心的优势在于视野，既能看到长周期的规律，也占据了政策走向的制高点。华为设立纽约财务风险控制中心，就是为了利用纽约远、高、广的视野，与华尔街顶级金融机构和智库对话，掌握第一手信息，帮助华为预测和应对宏观经济风险，包括政治上的不确定性，如各国大选带来的影响；经济上的不确定性，如全球经济走势；汇率上的不确定性，如美元的拐点何时出现；以及贸易战的不确定性，如对某个行业的惩罚性关税。

三层审结是华为建立的一种特殊机制。第一层，日清日结。资金每日完成银行对账，确保每笔资金流动源于账务处理。第二层，账务人员在核算中确保流程合规、行权规范，每笔账务处理源于业务真实。第三层，通过独立的财务总监体系，对业务决策形成现场制衡。

华为在每个组织都配置了财务总监。财务总监可以提供专业支撑，协助做出正确的经营判断。另外，如果财务总监识别了风险事项，有责任通过财经体系向上报告，提醒上级主管干预与管理相关事项及风险。

3. 建立财务报告内部控制

华为财务有句口号："不为客户负责，不为业务负责，不为领导负责，只为真实性负责。"怎么才能为真实性负责？这就是财务报告内部控制（以下简称财报内控）。

财报内控的首要目标是账实相符，即财务数据来源于业务，真实反映经营管理结果。这必须让财经和业务真正握手，统一语言和逻辑。

问渠那得清如许，为有源头活水来。财务并不能创造数据，所有财务数据的形成完全基于业务数据或业务判断的流入。因此，业务数据的客观、完整、准确，直接决定了财务报告的质量。要保证财务报告的质量，就得从业务数据的质量管理做起。账实相符不仅仅包括存货实物账实相符，还包括收入、成本、费用、收款、付款、固定资产等所有财务结果的可靠度、准确度、及时性要求。

华为通过《财务报告内控管理制度》明确各级管理者的财报内控责任，清晰定义各级管理者/财务总监、流程责任人对其所辖领域的数据质量负责；明确各维度的财务数据的管理责任；建立分层、分级的财报内控责任承诺机制。

责任的承担需要工具和方法支撑，财务报告关键控制点是支撑财报内控的关键工具。财务报告关键控制点是指在流程中识别出与财报质量相关的关键控制要素，并采用遵从性测试，SACA 的内控方法，对其遵从情况展开例行监控，以此识别及判断所在业务领域的关键数据及信息是否真实、可靠。

作为财务报告和财务数据的责任人，财经部门对于财报内控的责任是：建立有效的内部控制体系；例行开展内控有效性的评估；正确理解业务场景，并且使用适当的会计政策,对业务数据进行处理;基于业务的无缺陷、无遗漏事项的陈述,对外提供财务报告及内控报告。[1]

4. 加强流动性风险管理

作为非上市公司,华为选择了内生性增长道路,主要依赖自身的资本积累,优化资本结构和间接融资规模,提高运营资产效率,以此满足公司快速发展对资金的需求。换言之,支撑华为发展的资金主要来源于经营性现金流入及金融市场间接融资流入。

华为通过评估中长期资金需求及短期资金缺口,采取多种措施满足公司业务发展的资金需求,包括保持稳健的资本架构和财务弹性、持有合理的资金存量、获取充分且有承诺的信贷额度、进行有效的资金计划和资金的集中管理等。

为确保资金安全,华为通过以下手段加强流动性风险管理。

(1)抓项目回款,提高运营效率和质量。华为认为,运营资产的效率和质量的提升是经营现金流的重要来源。要加强运营资产的管理,考虑运营资产的合理占用和效率质量提升,以保证现金流持续和稳健。

早在2006年,任正非就在内部讲话中指出,一定要高度重视现金流问题,这是企业生存的瓶颈:"未来的3~5年,宏观生存环境中可能出现大的危机,如果我们还是这种马马虎虎的粗放经营,最后的结果是什么呢?就是现金流中断,企业死掉了。现金流问题确实很难,所以我们必须下狠心,拿出改革措施来。从今年起,对于到期欠款带来的利息损失,要先从销售、研发、技术服务、全公司有关人员的奖金中扣除,不包括计时、计件的员工。货款回收的问题,将影响未来3~5年的生存,一定要抓下来,要让前端担责任,全体员工都要担责任。"[2]

任总有先见之明,2008年爆发的金融危机让很多企业陷入了现金流危机,而华为未雨绸缪,提前穿上了过冬的棉衣。华为对业务集团、区域考核的重要指标是"多产粮食",粮食不仅指销售收入,而且指有利润的收入,有现金流的利润。

---

1 孟晚舟. 财报内控是手段,账实相符是目标. 华为内部《管理优化报》,2014年第460期.
2 任正非. 加强货款回收,改善现金流. 总裁办电邮文号[2006]007号.

（2）做好资金计划，监测流动性风险指标。华为对经营性净现金流高度重视，并通过做好短期、中期和长期资金计划，做到"心中有数"：通过短期资金计划表合理安排短期的现金流，通过财务报表预测与规划保障企业长期现金流的安全与稳定。

2013年，华为核算与报告平台正式上线，命名为iSee。在之后的几年，华为持续对iSee的数据底座进行扩充，不断引入新的数据分析和数据挖掘工具。2015年，华为在资金管理方面首次引入大数据技术预测，集团中长期现金流准确率达到了95%。

华为上线了"经营性现金流预测"和"分币种现金流预测"的大数据项目，经营性现金流可实现12个月定长的滚动预测。从历史数据的拟合度看，最小偏差仅800万美元。对于在170个国家和地区实现销售，收入规模过千亿美元的公司，这是极为理想的结果。

华为按直销、渠道、终端等不同行业特点设置流动性风险指标，并以其各自的对标企业分别设定目标值，持续改进。

华为的流动性风险指标包括：

- 流动比率=流动资产/流动负债
- 速动比率=（流动资产–存货）/流动负债
- 资产负债率=总负债/总资产
- 应收账款周转天数=（期末应收账款余额+期末合同资产余额）/营业收入×360天
- 存货周转天数=期末存货余额/营业成本×360天
- 应付账款周转天数=期末应付账款余额/营业成本×360天
- 现金周转天数=应收账款周转天数+存货周转天数–应付账款周转天数

（3）实施全球性、集中化资金管理。对于资金集中管理的必要性，华为有个生动的比喻：现金要统一在"长江"里流，账套要统一在同一轨道上。所有现金一定在"长江"里流，不允许有很多"水库"。"水库"的存在必然限制"长江"的流量，如果"长江"的流量来自银行融资，就无疑增加了成本。[1]

为"多打粮食"，华为对于作战单元的授权原则是应授尽授，但资金必须由集团管控。华为分三级进行资金管理：财经委员会管宏观政策和资金计划；资金管理部管资金进出，协同相关职能部门负责市场项目融资、回款，以及生产供应的融资；账务部进行操作，不进行决策。

作为华为资金集中管理的主责部门，资金管理部承担以下职能：

- 资本架构与资产负债表管理。通过合理规划公司资本结构、资产负债结构、融资结构、股利政策、增资决策等，保障公司资金供应、财务灵活性与股东收益。
- 营运资金管理。负责公司营运资产与营运负债管理，通过对公司短期资产与短期负债的规划、预算和预测，提高公司资金使用效率与内部现金产生能力。
- 现金管理。负责短期现金收支预测、短期资金关联调拨、短期投资与融资管理、银行账户管理、货币即期兑换、对外支付等，保证公司短期资产流动性和现金类资产安全。
- 资金风险管理。负责企业资金相关的风险管理，包括汇率风险、利率风险等，减少外部金融市场波动对企业利润和现金流的影响。
- 银行关系管理。负责维护和管理与金融机构的关系，保证公司得到优质、稳定的金融服务。
- 销售融资管理。利用企业或金融机构资金，为客户提供融资，促成销售。

5. 预测利率走势，选择有利计息方式

华为的利率风险主要来源于长期借款。华为保持对货币政策趋势的研究，对利率升降进行预测，并通过固定利率和浮动利率相结合的方式降低利率风险敞口。以2021年12月31日的数据为例，华为持有的主要长期计息金融工具如表6-4所示。

---

[1] 资料来源：华为2001年国内账务体系工作思路汇报纪要。

表6-4　华为持有的主要长期计息金融工具

长期计息金融工具	2021 年		2020 年	
	年利率（%）	人民币（亿元）	年利率（%）	人民币（亿元）
固定利率长期金融工具：长期借款	3.94	392.50	3.85	442.61
浮动利率长期金融工具：长期借款	3.27	1230.26	3.01	970.09
合计		1622.76		1412.70

在其他变量不变的情况下，假定利率上升50个基点，将导致华为净利润和所有者权益减少5.03亿元人民币。如果预测未来利率上行，就应该多选择固定利率计息；如果预测下行，则尽量选择浮动利率。

6. 有效管理汇率风险

汇率风险是指由于销售、采购和融资业务产生外汇敞口，面临汇率波动或汇兑困境的风险。华为在综合考虑市场流动性及管理成本的前提下，以降低外汇敞口为目标，建立了一整套外汇管理政策、流程和操作指导。华为将汇率风险分解为交易风险、换算风险和经济风险。

交易风险是指公司的债权、债务在进行外汇交割清算时汇率变动引起的风险。这些债权、债务在汇率变动前已发生，但在汇率变动后才清算。这类风险包括进出口贸易、涉外货币借贷、对外直接投资和外汇买卖。简单来说，交易风险是"造成企业真实现金流变动的汇率风险"。

换算风险又称会计风险，是指汇率变动引起的财务报表中的外汇项目转化为本币时价值下跌的风险。公司期末编制利润表和资产负债表时，所有的外币资产和负债都要按照期末汇率另行折算，由此导致与原账面价值不一致的情况。另外，本国公司在国外的子公司，按照合并报表原则，也应折算为本国货币。由于汇率变动，不同项目选用不同时期的汇率，在报表合并时，为保证资产负债表平衡，会出现报表差额。尽管换算风险只涉及账面损失，不影响真实的现金流，但仍然会影响企业最终的业绩评价。

经济风险是指未能预料的汇率波动引起公司未来预期收益发生变化的潜在性风险。经济风险程度的高低，主要取决于企业销售额、产品价格等关键指标对汇率变动的敏感性。

在充分分析和认知汇率风险的基础上，华为采取了多种管理方法。

（1）选用适当计价货币，优化货币组合。选用货币的基本原则是：资产业务尽可能选用"硬通货币"（汇率稳定，有上行趋势），负债业务则尽可能选用"疲软货币"（有贬值趋势）。出口时应尽可能选用"硬通货币"计价结算，进口时应尽可能选用"疲软货币"计价结算，即让自己拥有的资产增值，负债贬值。

此外，华为还利用软、硬货币搭配法来降低风险。多数情况下，多币种组合的资产与负债的波动性大大低于单一货币。因此，华为采用适当比例的多种货币组合，将软、硬货币按一定比例搭配，组成篮子货币，作为计价结算、借贷或储备货币，从而避开使用单一货币的风险。

（2）运用系列保值法，采取保值措施。第一，订好保值条款。货币保值是指选择某种与计价货币不一致的、价值稳定的货币，将合同金额转换成所选货币来表示，在结算或清偿时，按所选货币表示的金额，以计价货币完成收付。例如，柬埔寨本地货币币值不稳定，在本地采购时，使用美元支付。订好保值条款，可以降低汇率风险。

第二，调整商品价格保值。调整商品价格保值包括加价保值和压价保值等。在某些场合，出口不得不收取"疲软货币"，而进口不得不支付"硬通货币"时，就要实行调整商品价格保值，即出口加价和进口压价，尽可能减少风险。

（3）提前或延期结汇。提前或延期结汇又称迟收早付、迟付早收，是指在国际支付中，通过预测计价货币汇率的变动趋势，提前或延期收付有关款项，即更改外汇资金的收付日期来避免汇率风险。例如，当人民币预期快速升值时，企业应尽可能快速地回收其美元应收账款，并兑换为人民币，以使货币资产保值。

（4）运用平衡法。平衡法又称配对法，是指交易主体在一笔交易发生时，再进行一笔与该笔交易在货币、金额、收付日期上完全一致但资金流向相反的交易，使两笔交易面临的汇率变化影响抵消。例如，如果华为预期5月15日会收到

100万美元的贷款，就会在同一天安排一笔100万美元的采购付款。

（5）运用借款法和投资法。借款法是指有远期外汇收入时，通过借入一笔与远期外汇收入金额、期限和币种都相同的资金，改变时间结构，防范汇率风险的一种方法。例如，预计1年后将收入200万欧元，则当期借入200万欧元1年期的欧元借款。

投资法是指有远期外汇支付时，通过投资一笔与远期外汇支出金额、期限和币种都相同的资金，改变时间结构，防范汇率风险的一种方法。例如，预计2年后将偿付500万美元的借款，则购买2年期500万美元债券。

（6）利用国际信贷。可以利用的国际信贷包括出口信贷、福费廷、保付代理。

出口信贷是指在大型成套设备出口贸易中，出口国银行向本国出口商或外国进口商提供低息贷款，以解决本国出口商资金周转困难问题，或者满足外国进口商资金需要的一种融资业务。它包括卖方信贷和买方信贷。

福费廷又称包买票据，是指在延期付款的大型设备贸易中，出口商把进口商承兑的、5年以内的远期汇票无追索权地卖断给出口商所在地的金融机构，以提前取得现款的资金融通方式。

保付代理简称保理，是指出口商以延期付款的形式出售商品，在货物装运后立即将发票、汇票、提单等有关单据卖断给保理机构，收进全部或一部分货款，从而取得资金融通的业务。

（7）进行金融市场操作。交易合同签订后，华为会利用外汇市场和货币市场的金融衍生品交易平抑汇率风险。在汇率风险敞口预测的基础上，需要考虑预测的准确性、对风险的容忍度，以此确定合适的对冲比例。华为通常选择30%、50%或70%等对冲比例，而不会选择100%完全对冲。原因是如果预测不准确，出现偏差，对冲不但不能减轻风险，反而制造出相反的风险敞口，增大风险。

金融衍生品工具主要有：

- 即期合同（Spot Contract）。具有近期外汇债权或债务的公司与外汇银行签订出卖或购买外汇的即期合同。

- 远期合同（Forward Contract）。具有外汇债权或债务的公司与银行签订卖出或买进远期外汇的合同。
- 期货交易合同（Future Contract）。具有远期外汇债务或债权的公司，委托银行或经纪人购买或出售相应的外汇期货。
- 期权交易合同（Option Contract）。具有远期外汇债务或债权的公司，委托银行或经纪人购买或出售相应的外汇期权。
- 掉期交易合同（Swap Contract）。具有远期的债务或债权的公司，在与银行签订卖出或买进即期外汇的同时，再买进或卖出相应的远期外汇。
- 外币票据贴现。出口商在向进口商提供资金融通而拥有远期外汇票据的情形下，可以拿远期外汇票据到银行要求贴现，提前获得外汇，并将其出售，取得本币现款。

为最大限度地控制汇率风险，华为定期进行汇率波动的压力测试。例如，在2021年年报中，华为披露，在其他条件不变的情况下，若汇率变动，则对公司的净利润影响如表6-5所示。例如，若美元兑人民币汇率贬值5%，基于2021年年末的外汇敞口，则对华为净利润的影响是8.99亿元人民币。

表6-5 华为汇率变动对净利润影响的测算

单位：亿元（人民币）

汇率变动情况	2021年净利润损失	2020年净利润损失
美元兑人民币汇率贬值5%	8.99	13.5
欧元兑人民币汇率贬值5%	1.59	2.7

7. 严控税务风险

不少企业希望通过税务筹划合理避税，但往往合理避税与偷逃缴税只有一线之隔，稍有不慎，就触碰税法红线。华为认为，企业必须依法纳税，维护良好的企业形象和声誉，保障全球业务的安全运营。换言之，除了税务机关明确华为可以享有的税收减免等政策，华为不得为减轻或逃避纳税义务，以违反税务法规、编造或隐瞒业务信息、扭曲业务活动、滥用税务优惠等方式进行纳税方案设计。

在管理机制方面，华为在全球实施集成税务遵从项目（Integrated Tax Compliance，ITC），建立税务风险管理组织体系，理顺税务事项流程，识别纳税遵从的关键控制点，将其纳入内部控制体系予以管理。通过流程、数据等的共享和交互，确保纳税遵从的可靠性。纳税申报数据应基于业务和财务数据，确保纳税数据申报有源，使得各项数据可追溯、可验证、可评估。

集团税务管理部的主要职责是洞察公司运营中的税务机会和价值，提供有竞争力的税务解决方案；确保子公司税务安全与合规运营，对公司盈利能力及税务现金流做出贡献；承担纳税遵从的管理责任，建立有效的纳税遵从评估机制并开展例行评价。围绕集团有效税赋比率、滚动预测偏差率、全球利润分布目标偏差率、账税拉通覆盖率、海外税务与子公司人员配置、数据质量等关键指标，建立税务能力。

考虑到不同区域、国家和地区的业务种类、税务法规和监管要求不同，华为开发了用于识别税务高风险国家或地区的模型，模型要素包括员工数量、销售收入、利润，以及国家及其税务机关的态度是否强硬、华为在该国商业模式的复杂程度等。例如，如果华为在一个国家的业务种类多，包含研发、管理、服务等，那么在该国家的税务风险就明显高于业务模式单一的国家。

为确保税则理解与税务机关一致，特别是规避新业务及新准则下的税务处理风险，华为在全球各地的财经团队及时关注当地税务机关解读和征管口径，加强沟通和学习。

8. 把住闸口，严格银行账户管理

华为建立了银行账户开立、变更及销户管理制度，以规范银行账户开立、变更、销户及银行账户信息发布与使用，保证银行账户高效利用，降低资金风险。为减少睡眠账户、低效账户，华为定期审阅账户开立银行、账户性质、银行收费情况、账户使用频度、账户用途等信息。

在具体规则层面，一是制定账户管理规则，规定账户开立必须符合外部法规和内部管理要求；无业务需求不开立账户；同一类型、同一用途只能开立一个账户；收付款严格按账户类型使用；严禁开立证券、外汇和其他金融交易银行账户；根据银行关系管理要求选择开户银行；银行账户开立、变更和注销需履行申请与审批流程。

二是制定账户权签设置原则，银行账户权签人经过授权，可以在银行预留签名，并负责相应结算业务。权签人与业务操作人不能是同一人；可能情况下，建议设置两个权签人，分别为业务主管和财务人员；不同类型账户设置不同权签人，回款账户、资金集中账户等高风险账户，权签级别与要求相应提高；权签人职位调整，应回顾并根据需求调整其权签权限；财务专用章、银行账户印鉴保管人视同权签人。

三是明确银行账户间资金流动规则，根据账户类型设置资金流动规则。例如，回款账户资金只能流向资金集中账户或付款账户；通过业务流程、系统设置、银行检查等方式，杜绝违反流向的操作；不符合规则的流动需要例外审批。

四是明确对财务人员或资金管理人员的要求。财务人员或资金管理人员一般是银行账户的管理责任人，负责管理和维护银行账户的开立、日常使用和注销，发布银行账户信息，定期核对银行账户信息；会计人员负责账户余额报告与银行对账。

延伸阅读

日本企业长寿的奥秘——稳健的现金流管理

现金流是企业的血液，现金循环是否顺畅决定企业的生死存亡。一家企业死亡的直接原因往往不是利润，而是现金流。资金链一旦断裂，企业马上面临破产威胁。

德隆集团倒下、五谷道场食品公司破产重组、长航油运退市、绿城房地产集团"割肉"等无不是因为现金流出了问题，而格力集团、万科集团、李嘉诚的长江集团等却能在"冬天"里安然无恙，逆市扩张，是因为它们都坚守以现金流为中心的企业战略。

企业管理以财务管理为抓手，现金流管理是财务管理的核心。因此，我们的经营理念要从"利润为上"逐步转向"现金为王",管理好企业的现金流,促进现金流的良性循环,以保证企业健康成长。

稻盛和夫先生说过,京瓷公司7年不赚钱,公司也不会垮。换言之,就是京瓷公司储备的现金足够保证公司7年的基本运转。

日本不仅仅是全世界人均寿命最长的国家之一,也是拥有最多"长寿"企业的国家。百年企业的数量,日本以2万多家名列世界第一,美国和德国分列第二和第三。中国中小企业平均寿命3年左右,美国是8年左右,日本是12年左右。是什么决定了企业的寿命?日本又为什么能够拥有最多的长寿企业?

管理学专家总结了日本企业家和日本企业的特点,包括工匠精神、家业传承、先义后利等。还有一点也非常重要,就是日本企业对于现金流安全、稳健经营的追求,丝毫不亚于它们对产品和技术的执着。

日本媒体每年都会对日本企业的现金流情况进行排名。2019年,索尼公司再次夺得第一名,现金流量净额为1.43万亿日元。第二名是任天堂公司,现金流量净额为1.08万亿日元。

6.5 信用风险

6.5.1 华为对信用风险的理解

1. 信用风险的定义

信用风险是指交易对手因履约意愿或履约能力问题而不能如期还款的风险,体现在拒绝付款、拖欠货款、无力还款、不能按时保质交货、拒绝提供服务等。

2. 信用风险的特点

(1)传染性。信用违约就像传染病,交易一方违约可能导致另一方违约,另一方违约也可能导致第三方违约,最终导致信用链条中断和整个信用秩序紊乱,形成"信用风险链"或"违约圈"。

（2）隐蔽性。由于信息不对称，以及借新还旧、新业务滚旧业务等方式，信用风险往往被隐藏起来。

（3）突发性。信用风险积累到一定程度，就会突发性地显现出来，让交易对手措手不及。

3. 信用风险的来源

信用风险的来源有两种：履约意愿和履约能力。

（1）履约意愿。指受信方有一定的履约能力，但是主观上不愿意履约。这类企业对建立诚信的市场经济体制破坏性极强。它们故意压占供应商资金，通过延期付款达到低息融资的目的；还有企业一开始就抱着当"老赖"的心态，拿到赊销额度后，想方设法长期拖欠货款。

（2）履约能力。指受信方主观意愿要履约，却没有履约的客观能力，从而导致信用违约。一些企业因为经营陷入困境，出现资金链断裂，没有能力支付欠款，最终只能违约。

4. 信用风险管理的定义

信用风险管理是指通过运用各种信用风险管理工具和方法，建立信用评级、授信管理、货款收回、逾期催款、坏账处置等环节的管理机制，对信用风险进行事前防范、事中监控、事后处理，将信用风险降至企业可容忍范围内，维护企业价值。

6.5.2 华为信用风险管理方法

1. 构建信用风险管理体系

（1）背景。2001—2003年，在互联网泡沫破裂的情况下，华为产生了大量的呆坏账，对正在艰难过冬的公司来说无疑雪上加霜。华为再次切身感受到有利润的收入、有现金流的利润对公司的重要性，因此下决心要解决回款问题，而建立信用风险管理体系是重要举措之一。

2004年，华为正式设立负责信用风险管理的职能部门。在咨询公司的帮助下，华为首先聚焦于国内客户的信用管理，取得了不错的效果，公司的应收账款与营业收入的占比、坏账率等指标都得到了改善。

2005年，华为开始大规模进军海外市场，建立覆盖全球的信用管理体系也迫在眉睫。华为再次与IBM公司合作，经过大量的调研、讨论、数据分析和实践，形成了涵盖信用政策、流程、组织、工具和方法的全球信用风险管理体系。华为在各区域和国家公司都建立了专门的信用管理组织，在欧洲及亚太地区建立信用能力中心。华为利用风险量化模型，评定客户信用等级，确定客户授信额度，量化交易风险，并通过在线索到回款流程的关键环节设置风险管控点，建立端到端的管理机制。

华为信用风险管理部门定期审视全球信用风险敞口，并开发IT工具协助一线监控风险状态及预测可能的损失，计提合理的坏账准备，对于已经或可能出险的客户启动风险处理机制。

华为的信用风险管理团队曾做过统计：

- 在销售前进行信用管理，能减少70%的坏账。
- 在销售后进行信用管理（监控与预警），能减少35%的坏账。
- 在销售后进行信用管理（问题报告与处置），能减少41%的坏账。
- 在整个销售过程进行风险控制，能减少80%的坏账。

（2）研究思路。信用风险管理既需要分析企业自身的风险承受力，明确授信总额度及如何在各业务单元间分配；也需要建立一套针对客户的信用风险评估机制，基于客户的经营情况、历史交易等数据，确定可授予该客户的授信额度和账期。因此，华为在开展信用风险管理体系建设时，以线索到回款流程为脉络，分别从华为侧和客户侧进行研究，如图6-6所示。

在华为侧，华为根据不同类别业务的行业特点、华为在产业链中的地位，以及各区域市场的交易方式，结合公司的战略导向和业务目标、财务状况等因素，分析资产负债表承受能力、利润表承受能力、历史交易情况，开展不同场景的压力测试，计算出公司总体的授信额度，即风险总包。

第6章 华为重大风险管理实践

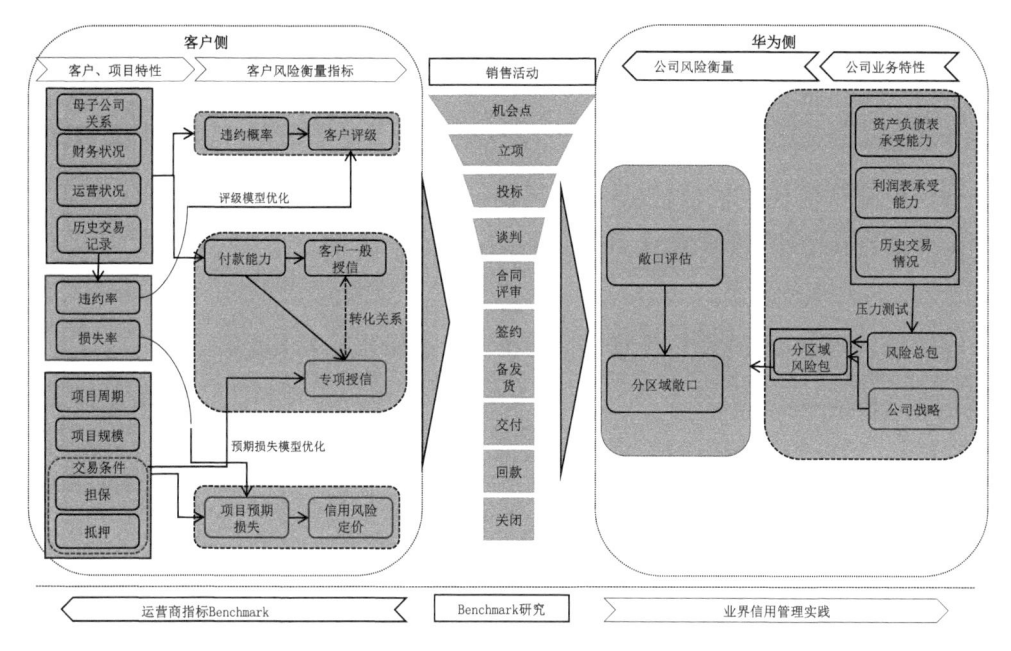

图6-6 华为信用风险管理研究思路

在其他条件等同的情况下，赊销一定比现款交易更利于业务拓展，能更快地达成业绩目标，因此风险总包就成了各区域"争夺"的资源。如何合理地分配风险总包，从公司整体层面促进业务发展？一是考虑战略重点，如公司要重点突破的区域市场就多配资源；二是考虑该区域的历史业绩及应收账款管理情况。

在客户侧，需要考虑建立客户画像的因素，如财务状况、运营状况、历史交易记录等，基于客户画像建立评级模型，并根据评级结果预测违约率、损失率。针对不同的项目规模、周期，是否有抵押、担保等增信措施，以及客户评级，在风险总包内，确定授予该客户的授信额度。

（3）信用风险管理全景图。华为的信用风险管理工作贯穿销售业务全流程。在销售前，帮助业务团队聚焦有效机会点；在销售中，监控各项风控措施的执行；发生逾期后，帮助追偿，减少损失。信用风险管理工作具体分为四个环节：信用评审、信用申请/审批、信用检查、风险应收管理。

①信用评审。当业务单位发现机会点，在立项阶段，了解客户所在地区或国家的地缘政治环境、产业政策、行业发展趋势，收集客户信息，形成客户画像，

依据评级模型输入信息，评定客户等级并给予一定的信用额度。在信用额度内，客户可以循环使用。

②信用申请/审批。在投标阶段，业务团队需向信用风险管理团队提出信用申请，取得审批后才能投递标书。针对提交的信用申请，需要进行风险评估与决策。有的直接在系统中通过，有的则需要补充额外信用要求与条件，如提高预付款比例、股东提供担保。

③信用检查。在合同审查和制造发货环节确保信用条件得到落实，以及检查信用条件是否发生重大变化，一旦有异常情况，立即采取措施，如停止生产或发货。

④风险应收管理。产品与服务交付完成并形成应收账款之后，应持续监控。一旦出现坏账或可能出现坏账，应及时进行处理，降低损失。

信用风险管理全景图如图6-7所示。

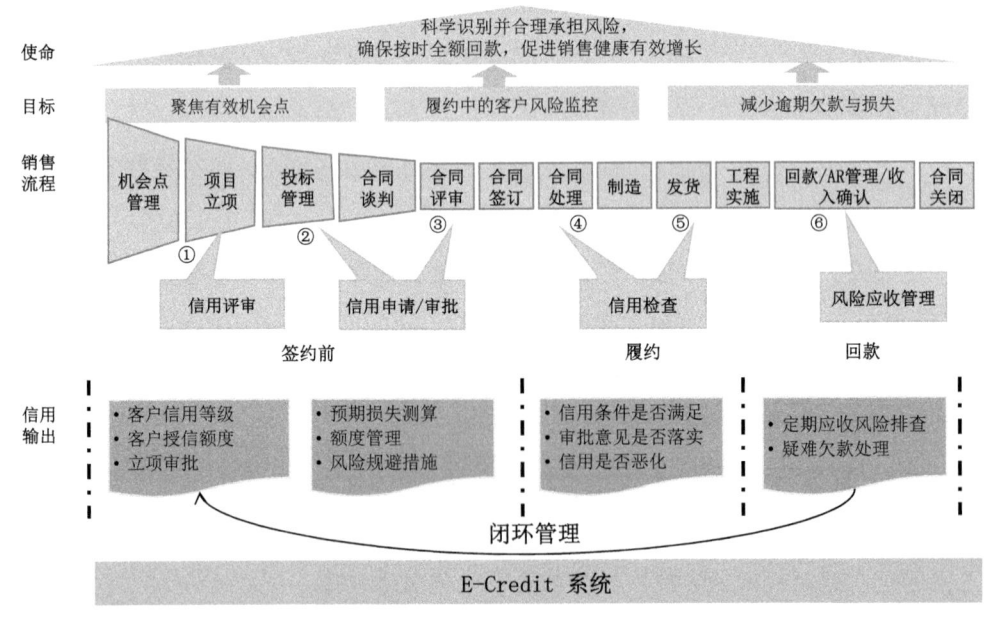

图6-7 华为信用风险管理全景图

（4）信用政策。华为的信用政策包括以下要素：
- 赊销业务与目标。明确什么项目、产品，什么客户可以做赊销。
- 赊销客户标准。明确赊销客户需要具备什么样的资信条件和信用等级。
- 付款方式。现金付款、票据付款、信用证或其他。
- 付款时间。提前付款、收到发票即付款、延期及分期付款的相关规定。
- 付款折扣。客户提前付款，或者以现金形式付款，是否给予一定的折扣，以及给予多少折扣。
- 延期利息收费。对信用期限内或超过信用期限的应收账款是否收费，以及收费标准。
- 信用额度管理。额度申请和审批的流程、手续及标准。信用额度检查的方法与流程。
- 货款收回方式。催收货款的手段及催收计划，规划收款进度及相关安排。
- 职责与权限。对信用风险管理相关岗位职责与权限的说明。

从本质上理解，一家企业的信用风险管理政策没有好坏之分，是在不同风险偏好下，针对销售机会和信用风险的平衡做出选择。如果政策比较宽松，即给予客户更多的优惠条件，有利于促进销售，但企业承担的风险较高；如果政策比较紧，企业承担的风险较低，但不利于销售。不同行业、不同企业会做出不同的选择。一般把信用风险管理政策分为保守型、扩张型和均衡型三大类。

- 保守型。更注重风险管控，宁可失去销售机会也不愿承担风险。在这种情况下，出现呆账、坏账的机会较小，但企业的发展受到制约，有失去重要客户的风险。收款难度大、行业处于衰退期、企业生命周期处于下降期、现金流紧张的企业多选用保守型政策。
- 扩张型。鼓励销售，尽可能给予客户优惠的信用条件。这种情况下，销售业绩可能很好，但出现坏账的机会也会增加，甚至产生灾难性的后果。这种政策适合高速成长的行业，企业处于抢占市场份额的成长期，或者与同行战略竞争的关键时期，并且现金充裕。

- 均衡型。在发展业务和保证安全之间找到一种平衡，愿意承担一定程度的信用风险，同时加强风险控制，保证销售健康、有序地增长。多数企业采用这种政策，这也是当前华为的选择。

（5）信用风险管理组织架构。华为在以运营商业务为主的发展阶段，信用风险管理是"合体模式"，即业务单位内嵌信用风险管理团队。这样做的好处是，业务单位是信用风险的主责部门，而且最了解客户，信用条件只是决策业务的要素之一。从结果来看，"合体模式"没有产生超预期的损失，这得益于运营商普遍资信较好，而且单体大项目多，决策也更审慎。

随着企业业务和消费者业务的发展，非运营商客户数量大量增加，华为市场团队也不断扩充。考虑到管理水平存在差异，华为信用风险管理改为"平行模式"，即由独立于业务单位的信用风险管理部门对客户评级和授信进行审批。

当前，华为对于授信管理的总体指导思路是充分授权给业务单位，由区域、代表处根据集团的信用风险管理政策和工具，在总额度内，自主决定区域内客户的授信审批。

财经管理委员会是信用风险管理的议事和决策机构，负责出台信用风险政策、偏好和策略，审议风险管理制度、评级模型等。

信用风险管理部在首席财务官的领导下开展工作，角色定位是赋能者和监督者，职能包括：

- 研究和拟定信用风险管理策略和制度，开发信用风险管理工具，统一信用风险管理标准。
- 推动并监督各经营单位落实信用风险工作。
- 负责信用风险管理信息系统（简称E-Credit系统）功能设计和权限管理。
- 监控信用风险指标，并定期形成报告。

在各业务集团、业务单位、区域和国家公司，根据业务品类和规模，设置信用风险管理部门或岗位，负责管理本区域内信用风险。信用风险管理组织架构如图6-8所示。

第6章 华为重大风险管理实践

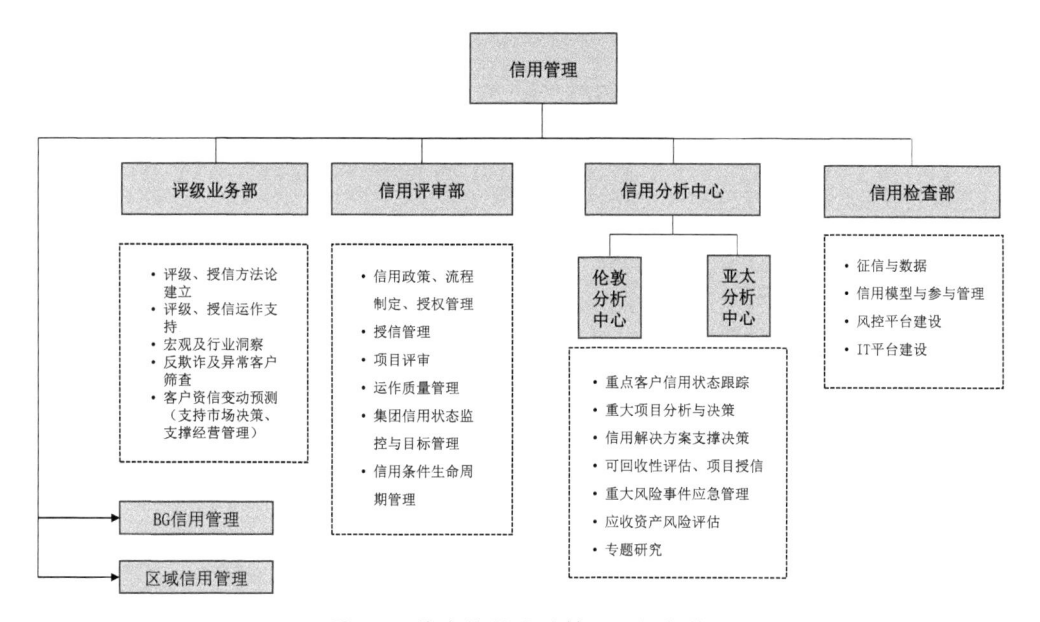

```
                          ┌──────────┐
                          │ 信用管理  │
                          └────┬─────┘
        ┌──────────────┬───────┴───────┬──────────────┐
   ┌────┴─────┐  ┌─────┴─────┐   ┌─────┴──────┐  ┌────┴─────┐
   │ 评级业务部│  │ 信用评审部 │   │信用分析中心│  │信用检查部│
   └──────────┘  └───────────┘   └────────────┘  └──────────┘
```

- 评级业务部
  - 评级、授信方法论建立
  - 评级、授信运作支持
  - 宏观及行业洞察
  - 反欺诈及异常客户筛查
  - 客户资信变动预测（支持市场决策、支撑经营管理）

- 信用评审部
  - 信用政策、流程制定、授权管理
  - 授信管理
  - 项目评审
  - 运作质量管理
  - 集团信用状态监控与目标管理
  - 信用条件生命周期管理

- 信用分析中心
  - 伦敦分析中心
  - 亚太分析中心
  - 重点客户信用状态跟踪
  - 重大项目分析与决策
  - 信用解决方案支撑决策
  - 可回收性评估、项目授信
  - 重大风险事件应急管理
  - 应收资产风险评估
  - 专题研究

- 信用检查部
  - 征信与数据
  - 信用模型与参与管理
  - 风控平台建设
  - IT平台建设

- BG信用管理
- 区域信用管理

图6-8 华为信用风险管理组织架构

（6）信用风险管理信息系统建设。为提升管理效率，用系统管控关键风险点，华为开发了E-Credit系统，实现信用风险管理全流程的线上运作。销售经理在系统中录入客户信息、提交信用申请，如果是存量客户，可直接查询信用情况。常规事项，如信用等级审批、无重大负向标签的客户，系统自动审批；特别事项则流转至信用经理，在系统的支持下，完成敞口分析、预期损失测算等。

信息系统可与外部征信信息、内部合同管理、发货管理、客户信息、应收账款等数据库进行数据交换，确保信用风险信息的全面收集和及时传递，自动生成应收分析报告、授信额度报告、评级报告、违约报告等。华为的**E-Credit**系统如图6-9所示。

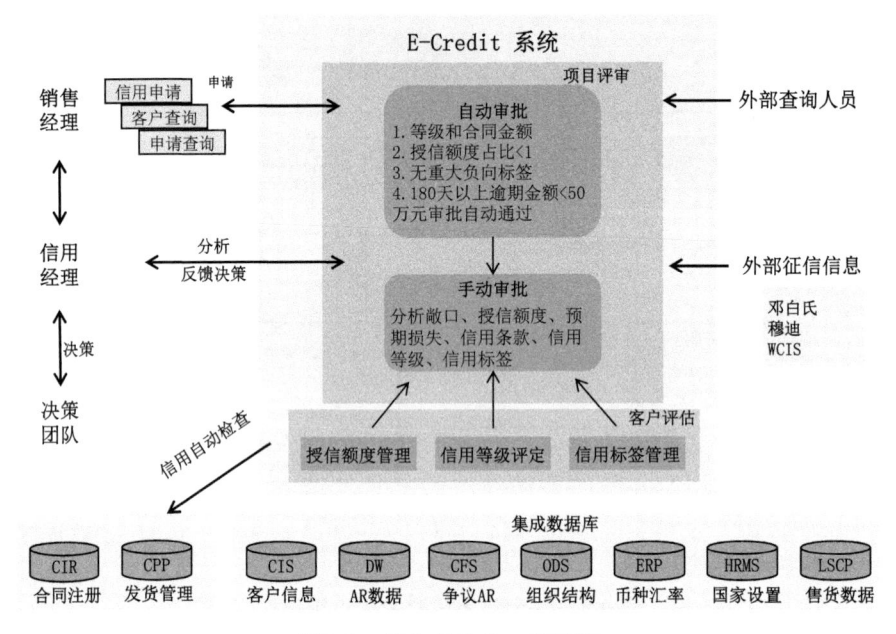

```
                              E-Credit 系统
                                              项目评审
  销售    信用申请   ←申请→       自动审批
  经理    客户查询              1. 等级和合同金额              外部查询人员
          申请查询              2. 授信额度占比<1
                               3. 无重大负向标签
                               4. 180天以上逾期金额<50
                               万元审批自动通过

          ←分析→
  信用    ←反馈决策→            手动审批                     外部征信信息
  经理                          分析敞口、授信额度、预
                                期损失、信用条款、信用          邓白氏
                                等级、信用标签                 穆迪
          ←决策→                                              WCIS

  决策
  团队    ←信用自动检查
                      授信额度管理   信用等级评定   信用标签管理
                                                                客户评估

                                集成数据库
        CIR    CPP    CIS    DW      CFS    ODS    ERP    HRMS   LSCP
        合同注册 发货管理 客户信息 AR数据 争议AR 组织结构 币种汇率 国家设置 售货数据
```

图6-9　华为的E-Credit系统

2. 信用信息收集与分析

（1）收集要求。信用信息特指能够反映交易对手的信用状况、对信用评价产生影响的信息，是信用评级的重要输入。信息收集需及时、客观、准确、可验证：

- 收集最新的交易对手信息，并及时录入信用风险管理系统，对信息进行动态管理。
- 数据来源应客观，如经审计的财务报表，从独立第三方获取的信息，水、电、气表数据等。
- 对于交易对手提供的资产说明、销售数据，企业应保持谨慎态度，多问为什么。
- 可通过第三方询证函等方式对信息进行验证，提高信息的可信程度。

当发生以下情形时，应重新收集更新客户信息：

- 发生逾期。
- 原授信条款到期。

- 客户发生负面舆情。
- 客户发生重大事项。
- 客户被起诉。
- 客户被监管处罚。

（2）收集内容。影响客户信用等级的信息包括定性信息、定量信息和与华为的交易信息。

①定性信息。包括客户的经营环境、行业地位、竞争状况、上下游供应链的稳定性、融资策略、管理团队情况、股东背景等。

对于新客户，必须确认经营合法身份文件。在国内，企业工商、税务为必查、必核验信息。在国外，尽管企业的设立标准、程序、经营范围和身份文件形式或名称等有所差异，但都要经过合法的设立，才能具有经营资格。通常可向政府商业注册机构查询企业的注册有效性和真实性，以及合法身份证明文件内容。此外，可以向当地税务机构查询企业的税务登记和缴税信息，这也可以从侧面证明企业的经营情况。

为了验证企业的合法身份，华为执行以下步骤。

第一步，了解客户企业的基础信息，包括名称、实际所在地址、负责人等。如果客户企业提供商业登记文件，需要对比关注文件记载和目前情况是否有差异，并且不能以此文件为最后判断依据。

第二步，现场拜访客户企业，包括管理机构所在地和营业场所，观察企业的办公场所面积、人员数量、员工工作秩序和态度及运作是否正常。

第三步，查询商业登记机构的信息，核实客户企业商业登记的相关信息和有效性，一些国家还可以了解企业经营机构的备案情况和历史经营情况。在登记信息与前期了解的资料不一致时，先按照登记机构提供的商业登记信息进行联系，以确定是否为冒名顶替，或者变更登记滞后等。

第四步，查询专业管理机构的信息，确定客户企业经营是否正常，有无不良经营及信用记录。可查询的机构包括税务机构、通信管理机构、相关合作金融机构、政府市场/企业管理机构、行业组织、当地其他合作伙伴等。

第五步，建立档案将查询的资料归档。

②定量信息。主要来源于财务报表，以及基于财务报表数据的分析结果。

第一，偿债能力。行业不同，企业的资产负债率不同，需参照该行业平均值进行分析。常用指标包括：

资产负债率=总负债/总资产×100%

流动比率=流动资产/流动负债×100%

速动比率=（流动资产–存货）/流动负债×100%

利息支付倍数=息税前利润/利息费用

第二，盈利能力。常用指标包括：

毛利率=（营业收入–营业成本）/营业收入×100%

净利率=净利润/营业收入×100%

总资产收益率=净利润/年末总资产×100%

净资产收益率=净利润/年末净资产×100%

第三，营运能力。常用指标包括：

存货周转率=营业成本/平均存货

应收账款周转率=营业收入/平均应收账款

流动资产周转率=营业收入/平均流动资产

总资产周转率=营业收入/平均资产总额

第四，成长力。常用指标包括：

主营业务收入增长率=（本期主营业务收入–上期主营业务收入）/上期主营业务收入×100%

净利润增长率=（本期净利润–上期净利润）/上期净利润×100%

③与华为的交易信息。包括项目数、历史交易的合同金额、回款金额、是否发生逾期、是否有争议或诉讼、应收账款余额及账龄分布。

（3）信息来源。华为收集的客户信息主要有以下三种来源。

①外部渠道。信用信息可查询第三方信用中介机构提供的征信报告，或者通过天眼查App、企查查App、国家企业信用信息公示系统、法院、巨潮网等渠道获取。对于交易对手银行存款、销售收入等信息，通过询证函确认。在商业环境较

为发达的地区，针对大项目或大客户，可以聘用专业机构进行商业调查。

②交易对手提供。向交易对手发出资料需求清单，由交易对手提供信息。需注意，交易对手直接提供的信息，客观性弱于外部渠道的信息。

③现场交流获取。现场交流也是获取信息的重要方式，当面沟通能更好地了解客户企业的经营风格和团队能力。华为在走访客户前，都会明确目标、制订计划；在交流中，关注客户提到的关键信息，如业务拓展情况、主要客户、经营数据等；走访客户后，对重要信息通过其他途径进行验证、核实。

（4）信息收集过程中预防欺诈。为了防范欺诈风险，在信息收集时，华为格外关注以下问题或迹象。

①核实客户身份。不管客户企业听起来名头有多大，在发生信用业务前，一定要核实对方合法注册的身份，包括去相关机构查询注册信息，现场拜访客户办公地点（如有可能，应不定期重复拜访）。

②如果客户企业的注册时间很短，而且不是运营商，那么给予信用交易时应当谨慎。

③客户企业有多少人？有些"骗子公司"在一些公共租用的办公场所办公，显示企业规模很大。如果一家企业出面沟通的始终是固定的两三个人，更需小心。在这种情况下，"客户"通常炫耀他们的"背景""实力""发展规划"，但对提供报表、资料等要求，则以各种理由搪塞。

④客户企业和联系人的背景如何？对于在异国特别是一些群岛上注册的企业，以及非本国的联系人，应加强注意。

⑤客户企业的交易金额是否忽然放大？如果某客户交易金额忽然放大很多倍，那么此时应要求保证条件，避免"钓鱼"。一些"客户"会以"紧急""重要"及其他看来十分合理的方式要求授信，以完成大额交易，然后人货双双失踪。

⑥客户企业的销售对象是谁？如果客户在当地没有明确的销售渠道或客户，要求发货地点为其他不发达国家或地区，那么需要充分警惕。

⑦客户企业的商业伙伴是哪些？一些"客户"会利用这种形式建立"形象和信心"，有很多"关系密切"的"达官显贵"或"重大客户关系人"，应提防这些人可能是演员。

⑧客户企业的结算银行是哪家？如果客户的结算银行是本地小型银行，那么不可接受未经本企业认可银行加兑的保函、信用证。

⑨信用证是否有陷阱条款？信用证应不附带任何成立条件，所列示的单据应该为合理范围，避免检疫、客户或其指定的第三方出具的验收资料、含糊不清的其他描述。应拒绝接受可撤销或有条件生效的信用证；禁止合同条款或信用证中对货物的原产地、发货起运地进行不符合实际的限定；禁止信用证中对货物的型号、单价、数量做出逐项、具体限制。

（5）信用分析应注意的问题。信用分析要达到重点突出、说明清楚、预测准确、措施可行的目的，充分支撑公司销售决策。在信用分析中，华为总结了如下经验。

一忌重点不突出，面面俱到，泛泛而谈。分析内容应当突出项目成功销售的重点，抓住问题的本质，找出影响客户还款的主要因素，预测企业未来走势，针对性地提出建议和措施。

二忌只有数字罗列，没有"活情况"说明。停留于罗列指标的增减变化，就数字论数字，摆不出具体情况，谈不清变化原因，这样的财务分析只能是财务指标变动说明书或财务指标检查表的翻版。只有把"死数据"与"活情况"充分结合，做到指标增减有"数据"，说明分析有"情况"，彼此相互印证、补充，信用分析才有说服力和可信度。

三忌只说风险，不谈如何促成销售。既要探寻影响当期财务情况变化的各种风险因素，更要侧重找出化解、降低、规避风险的可行建议。要从如何帮助一线达成交易的角度给出可行的解决方案。

四忌"专业味"太浓。财务分析主要服务于销售部门的决策，应尽量淡化"专业味"，少用专业术语，多用大众词汇，做到简明扼要、通俗易懂。

3. 评定客户信用等级

（1）客户信用等级的作用。通过各种渠道收集的信息就像原材料，并不能说明客户的信用情况，还要通过整合、分析、深加工，制成可使用的"成品"——信用等级，这是做好信用风险管理的基础。

第6章 华为重大风险管理实践

不同企业或不同信用评级机构有不同的等级划分方法。企业可根据自己的管理需求，把客户的信用等级划分成三级、五级或七级等。

企业的信用等级划分应尽可能与某家专业外部评级机构的信用等级有一定的对应关系，这会给信用风险管理带来很大便利。例如，某客户有标准普尔信用评级，企业就可直接采用其评级结果，而不用重新评定，这可以节省大量时间和资源。

企业的信用风险评级不能低于所在国家的国家风险等级，这是信用等级设定的一个重要原则。这个原则背后的逻辑是，一家企业是在一个特定的国家进行生产和经营的，如果这个国家信用风险很高，当国家信用出现危机时，可以认定这个国家范围内的所有企业都有极高的概率无法正常经营。

（2）华为的客户信用等级分类。华为借鉴国内外信用等级分类经验，结合自身的行业特点，建立了一套信用等级分类模型和等级符号标识。华为将交易对手分为三大类：正常客户、重点关注客户（灰名单）及 X 类客户（黑名单），其中正常客户是指与企业处于正常交易状态的客户，其信用等级由高到低依次划分为 A、B、C、D、E，如表6-6所示。

表6-6 华为信用等级分类及描述

交易对手分类	信用等级	描述
正常客户	A	最高的信用等级，无论是长期还是短期，客户潜在的信用风险均最低，有足够强的财务实力履行还款义务，未来任何可能发生的不利因素都不会影响客户的还款能力
	B	较好的信用等级，目前来看客户的信用风险较低，财务实力较强，有履行还款义务的能力。未来外部经营环境的变化有可能影响客户的还款能力，但这种影响的程度是有限的
	C	中等的信用等级，客户存在一定的信用风险。客户财务实力尚可，履约能力或履约意愿不足，在外部环境或经营恶化时，可能无力履行还款义务
	D	较差的信用等级，客户信用风险较大。客户财务实力较弱，履行还款义务的能力依赖良好的内外部经营环境，未来任何不利的变化，都可能直接导致客户无力履行还款义务
	E	最差的信用等级，客户信用风险极大。客户流动性严重不足，出现普遍性违约可能性极高。客户履约能力和履约意愿在短期内没有改善的迹象，随时有破产清算的可能

续表

交易对手分类	信用等级	描述
重点关注客户（灰名单）	—	是指由于客户财务恶化、国家风险、不良交易记录、坏账核销、特殊情况等因素，企业对其信用评价严重下降，正常资信评级不能揭示其真实信用风险，需要对与其之间的交易进行特殊管理的客户
X类客户（黑名单）	—	是指客户由于破产清算、实际消亡等原因丧失交易价值，禁止继续与之交易的客户

（3）评级打分。华为采用以下流程确定客户信用风险等级。

①计算企业定量指标，并确定所得分值。例如，根据行业特性确定，如企业净利润率高于10%，得5分；5%~10%，得3分；低于5%，得1分。

②对定性指标使用文字描述方式，确定具有某种特征的企业所得分值。打分时可以让有经验的分析人员使用专家打分法，评定分值。为降低人为因素影响，可采用多人打分取平均数的方法。

③对每个因素赋予一定的权重，加权计算平均得分。

④主管或经验丰富的专家对得分结果再次审阅，必要时可对结果进行调整，并说明理由。

⑤得分结果匹配企业信用等级，并确定最终结果。

华为在E-Credit系统完成信用等级评分工作。对于定量指标，由申请人员输入后，自动生成得分；综合定性因素后，系统输出信用等级。

信用等级可用于客户的信用额度和期限计算、交易条款授权、应收账款管理等。

4. 授信额度计算

信用等级直接决定给予某个客户的授信额度。对于低风险客户，给予较高或更长期限的授信额度。对于高风险客户，给予较低的授信额度，或者不给授信额度。

（1）授信总额计算。企业首先应计算可承受的信用敞口，即授信总额，这取决于企业的风险偏好、行业交易惯例，以及发展阶段和战略重点等多重因素。从定量计算的角度，比较简便的方法是历史经验法，适用情况是信用风险政策没有大的调整，而且销售回款在企业可接受的范围内。计算公式为：

次年信用敞口均值=次年营业收入预算×（本年信用敞口均值/本年营业收入）

历史经验法也有局限性，如未考虑经济形势、企业融资能力的变化等因素。

所以，企业在确定信用敞口总额的时候，可综合考虑资本结构、资金压力测试、金融机构对公司财务稳健性的要求等，设置调整系数，确定最大的信用敞口。

（2）客户授信额度计算。客户授信额度的评定是由需求触发的，即并不会对每个客户自动给予一定的额度，而是有业务需求时再计算额度和期限。

①限额计算模型。确定额度可以使用以下两种方法，可单独使用或综合使用。

第一，等级分配法。根据客户的信用等级确定给予的信用额度。在具体使用中，也可以结合客户的财务数据予以调整，如考虑客户的净资产、营运资本等。

第二，历史交易法。依据客户上年度与企业的交易额、回款额，以及预计交易对手本年度与各经营单位的交易额，取平均数，得出授信额度基础数据，再根据其信用等级修订。计算公式为：

基础数据=（上年度交易额+回款额+预计本年度交易额）/3

信用额度=基础数据×信用等级系数

信用等级系数示例如表6-7所示。

表6-7 信用等级系数示例

信用等级	系　　数
A	1~1.5
B	0.8~1
C	0.4~0.8
D	0~0.4
E	0

②期限计算模型。根据以往交易过程中的平均信用交易天数测算信用期限，并根据信用等级修订。计算公式为：

上年度平均信用天数=各次正常信用交易天数之和/交易次数

本年度平均信用天数=上年度平均信用天数×信用等级系数

客户的情况是在不断变化的，所以需要对授信额度进行定期或非定期的回顾，一旦客户风险发生变化，就对额度进行调整。对客户的授信额度需要遵从一定的审批流程，根据风险水平不同，由不同层级的主管审批。

5. 交易条款设计

为进一步降低风险，华为设计了以下三类信用附加条款。

（1）付款期限与条款：

- 提高首付款比例。
- 提高前期付款里程碑的付款比例。
- 不可撤销的无条件付款责任。
- 收取符合市场风险状况的利息。
- 提高应收账款的偿还优先级
- 设定触发违约的关键事件。
- 保留产品的产权。
- 反向资产质押。
- 年度重大资产投资预算审批。

（2）限制性指标：

- 债务资产比率。
- 债务保障倍数。
- 利息保障倍数。
- 速动比率。
- 经营性利润率。
- 资产出售限制。
- 新增债务审批。
- 分红限制。
- 股权转让限制。
- 对外担保限制。

- 对外收购限制。
- 设立合资公司限制。

（3）信用提升：

- 第三方担保。
- 银行保函。
- 还款专用账户。
- 共管账户。
- 信用保险。

6. 应收账款管理

（1）应收账款分析报告。在向客户交付产品、提供服务，并经客户验收通过，达到收入确认条件时，如果客户并没有支付现金或开出票据，即产生了应收账款。

产生应收账款后，需要定期评估和审阅，确保及时发现其中隐藏的风险，并及时跟踪处理。应收账款的跟踪和分析通常综合考虑账龄和客户信用等级。

首先对应收账款进行账龄分析，分析应收账款逾期的金额和时间。逾期的时间越长、金额越大，意味着风险越高，需要重点关注和跟踪。

其次把客户按信用等级分类，信用等级越差的客户，相对的应收账款风险就越高，需要重点关注。特别是信用等级比较差、逾期时间比较长的企业，坏账风险就非常高了，需要关注并提出解决方案。应收账款统计表如表6-8所示。

表6-8 应收账款统计表（模板）

客户	付款条件	信用额度	信用期限	账款总额	尚未到期应收账款	逾期应收账款			
						1~30天	30~60天	60~90天	90天以上
A									
B									
C									
合计									

在此基础上，编制应收账款分析报告：

- 总体情况概要（总量、回款量、逾期欠款、超长期欠款、坏账金额及增长趋势）。
- 结构分析（账龄、产品线、地区部、代表处、客户信用等级）。
- 绩效目标达成情况和预测（DSO、综合回款率、逾期回收率）。
- 重大风险应收预警。
- 主要问题跟踪解决进展。

（2）应收账款管理指标。主要指标有以下三个。

①应收账款周转率。计算公式为：

$$应收账款周转率=营业收入/平均应收账款$$

②回款率。计算公式为：

回款率=[营业收入−（期末应收账款余额−期初应收账款余额）]/营业收入
$$\times 100\%$$

③应收账款占营业收入之比。计算公式为：

$$应收账款占营业收入之比=应收账款总额/营业收入$$

（3）应收账款风险预警。在应收账款管理中，华为对以下情况高度警惕，确保信息及时、准确传递至适当管理层：

- 客户失踪。
- 客户破产、清算、解散或存在破产可能。
- 客户发生商务欺诈行为，如骗货。
- 客户卷入较大经济或财产纠纷等法律诉讼。
- 客户进行债务重组或股东间发生股权争议；正在进行股权变更，可能导致债权受损；股东出现重大经营危机，可能危及客户正常运营。
- 客户主要融资渠道出现问题，可能导致资金严重短缺，如客户与主要融资银行关系破裂。
- 客户违反融资协议，擅自转让、抵押、拍卖主要经营资产。
- 担保方出现重大经营危机、抵押品发生重大贬值或被擅自处置。

- 客户运营牌照到期不能续期、被吊销，或者客户遭受重大事故或不可抗力导致无法持续经营。
- 其他由于客户资信原因可能导致发生重大损失的事件。

（4）交易预期损失。从概率上看，任何交易的执行都可能产生坏账。一笔交易通过审批，并不意味着交易不存在损失的可能性。所以，信用风险的发生是一个概率事件，每笔交易都可能出现一定的预期损失值。

从企业整体风险承受能力来看，经营管理团队希望能测算出应收账款组合的预期损失值，这个数值对于企业经营管理决策有非常重要的指导意义。计算公式为：

预期损失值=客户违约概率×违约损失率×风险敞口

①客户违约概率。指客户在一定时期出现违约的概率。国际信用评级机构，如标准普尔或穆迪，根据大量企业历史违约数据，计算出不同信用等级在某段时期内出现违约的概率，并公布在其发行的刊物和网站上。例如，信用等级为A的企业，三年内出现债务违约的概率是5%。可理解为，从历史经验上看，信用等级为A的企业，三年内会有5%的企业出现违约。

可采用信用等级标尺建立信用等级与违约概率的映射关系。标尺左侧是信用等级，最下是最差信用等级D，最上是最高信用等级AAA，从下到上逐渐上升；右侧是违约概率，从下到上逐渐降低，如图6-10所示。

②违约损失率。指一旦出现违约，企业风险敞口出现损失的比率。在实践中，当客户违约时，并不意味着一定全额发生损失，可通过追回资产减少损失。例如，销售一批交换机，如果客户不付款，追回后，降价40%卖给市场上其他客户，那么企业的损失率就是40%。

③风险敞口。指某客户已使用的授信额度，既包括应收账款，也包括为该客户定制的半成品、产成品，以及无法用于其他客户的原材料和零部件。合并加总后即构成该客户的风险敞口。

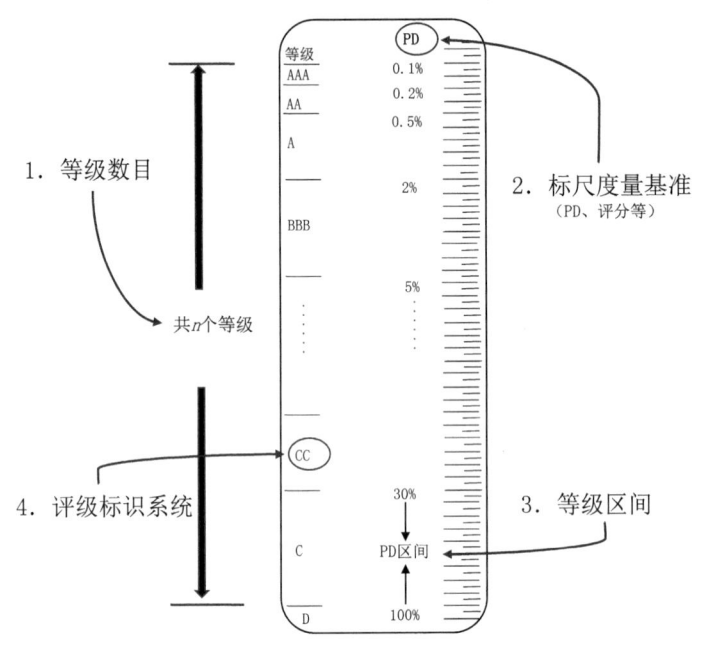

图6-10 信用标尺（示例）

（5）坏账计提。在企业应收账款管理中，由于历史数据缺失、数据量有限等原因，很难真正用信用风险预期损失值计算公式准确预测可能发生的坏账。因此，惯常做法是根据客户信用等级、应收账款期限设定坏账准备计提标准，如表6-9所示。

表6-9 坏账准备计提标准（示例）

客户资信	未开票应收账款（扣除递延收入）	已开票应收账款				
		未到期	到期0~6月	到期7~12月	到期1~2年	到期大于2年
A	0%	0%	5%	15%	50%	100%
B	0%	0%	5%	15%	50%	100%
C	0%	0%	5%	15%	50%	100%
D	0%	0%	15%	50%	100%	100%
E	0%	0%	15%	50%	100%	100%
灰名单、X	100% 计提					
	专项计提范围			计提标准		

续表

客户资信	未开票应收账款（扣除递延收入）	已开票应收账款				
		未到期	到期0~6月	到期7~12月	到期1~2年	到期大于2年
客户	灰名单、X客户			扣除风险退出机制后100%计提		
	D、E、未评级（非中国区）类客户：6个月及以上欠款大于等于100万美元			根据回款预测的结果，扣除风险退出机制后全款计提		
	国家风险（政局、外汇、汇率）已经出险的所有客户					

7. 欠款管理

（1）欠款管理流程。华为制订了针对欠款的管理流程，如图6-11所示。

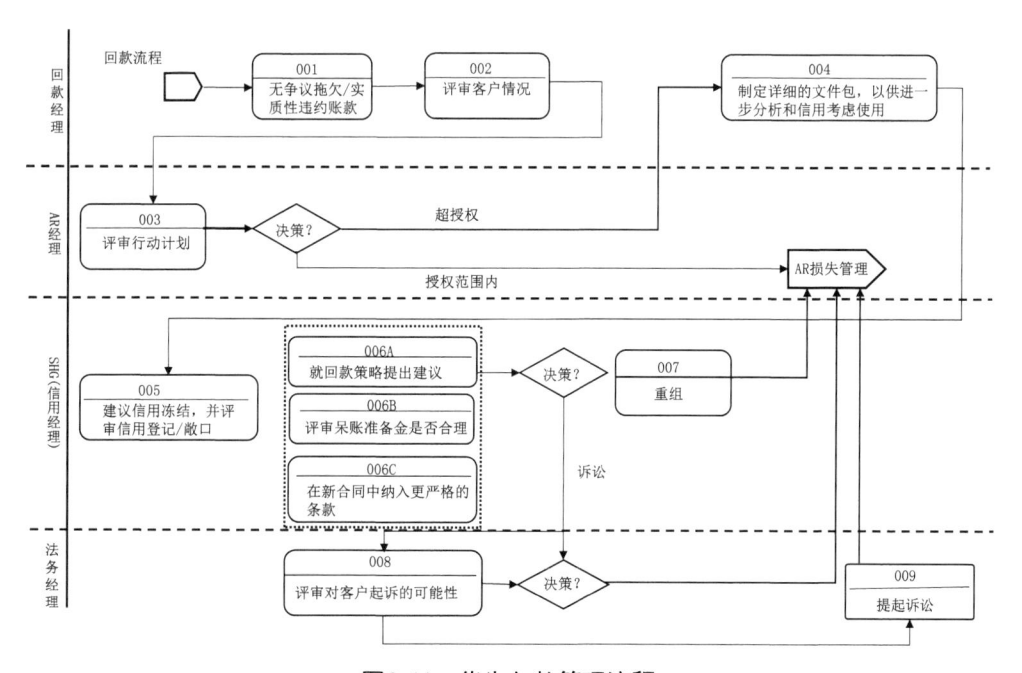

图6-11 华为欠款管理流程

当客户欠款后，由回款经理牵头与客户和业务团队沟通，分析欠款原因。首先考虑双方是否存在争议事项，如产品质量有问题，导致客户不付款；或者由于服务不周到，客户的要求与申请长期无人跟进和答复，客户不愿意付款。

其次考虑是不是客户单方面原因导致的实质性违约欠款，如资金紧张、客户遭遇突发事件导致经营困难，或者有意赖账甚至合同诈骗等。针对客户单方面原因欠款，应立即向客户发催款函，并说明逾期后将收取违约金和罚金，影响继续为该客户提供服务和产品，以此催促客户在宽限期内付款。

回款经理与应收账款经理协同，拟订应对方案，包括是否动用催缴手段、是否暂停该客户的业务等。依据权限，由相应层级对应对方案予以审批。

华为针对不同的欠款原因明确了应对措施，如表6-10所示。

表6-10 客户欠款应对措施

	破产	资不抵债	资金紧张	无付款意愿
催款函		★	★	★
风险预警		★	★	★
撤销对客户授信	★	★	★	★
债权确认	★	★	★	★
债权保全	★	★	★	★
新签合同增加保护性条款	★	★	★	★
停止发货	★	★		★
停止服务	★	★		★
债务重组		★	★	★
债权打折出售		★	★	★
外部机构催收			★	★
法律诉讼		★		★

如果客户在宽限期内仍未付款，就须降低客户的信用评级，根据坏账计提标准计提坏账，并要求客户拿出行之有效的还款计划，以及提供抵押物、增加担保等。

针对呆坏账，华为采用法律手段保障债权，起诉前，华为法务人员会论证胜诉可能性、胜诉后能否执行及诉讼成本。

关于胜诉可能性，考虑因素包括：

- 欠债是否超过法律诉讼时效。
- 本企业是否存在明显过失，债务人是否正准备起诉本企业。
- 债务人是否对产品或服务有争议。
- 债务确认的文件是否齐备（合同、发货单、签收单、验收单、发票、对账单等）。
- 赊销合同是否有不利于本企业的重大漏洞。

关于胜诉后是否能执行，考虑因素包括：

- 债务人是否有偿债能力。
- 债务人是否有抵押担保。
- 当地司法的公正性与执法的强制性如何。

关于诉讼成本，考虑因素包括：

- 债务人是否已经或正在转移资产。
- 债务人是否已进入破产程序。
- 债务人与企业的历史合作关系及对未来业务发展的影响。
- 追回的货款是否能够覆盖追偿费用。

（2）警惕客户逃债。有的客户虽然最初没有恶意欺诈，但当自己陷入财务困境时，就开始动起了坏心思，通过各种方法逃债。企业要及时发现苗头，采取措施，全力阻止对方腾挪资产。

①破产逃债。破产逃债是指企业借助破产程序逃避债务。常见表现有：

- 将逃债而非还债作为破产目标。
- 宣告破产前，债务人非法减少可供还债的财产。
- 将破产财产高值低估，从而降低清偿率。
- 故意提高破产费用和税金，从而减少可分配财产。
- 给关联债权临时设定抵押或进行突击清偿。

②改制逃债。改制逃债是指企业在改制过程中逃避债务或妨碍债权人行使债权。常见表现有：

- 企业进行股份制改造时，以优良资产组建不承担债务的股份制企业，由资产既少又劣的原企业承担债务。
- 企业进行兼并重组时，设立"无债企业"，只接收资产，不承担债务；只调整资产结构，不理顺债务关系。

③移资逃债。这是一种直接而单纯的逃债方式。常见表现有：

- 直接转移财产，如将债务人企业的资产直接转移到另一家非债务人企业，并迅速处置财产。
- 直接将财产赠与第三方。如利用票据法上的特殊规定，将汇票直接背书给第三方。
- 以不合理的低价转让财产给第三人。
- 以不合理的高价买受第三人财产（如约定过高的违约金、滞纳金等，而债务人故意违约）。

④诉讼逃债。诉讼逃债是指借用司法权以规避司法对债权的保护。常见表现有：

- 与关联公司打假官司。当事人串通进行假诉讼、假执行，这种做法借助了司法文书的确定力，使逃债行为穿上"合法外衣"。
- 假查封。债务人与法院达成默契，将资金和财产进行虚假查封，以法律关于财产不得重复查封的规定来对抗债权人申请的查封和执行。
- 利用诉讼时效。由于债权人对诉讼时效制度不够了解或由于债务人设计的某些"陷阱"，导致错过诉讼时效而债权不再受法律保护。

8. 信用额度对收入的影响分析

根据国际财务报告准则要求，收入确认时需评估客户的付款能力和付款意愿，不能默认为未来能够收取全部的合同金额。

华为的做法是：D级及以下客户需对每笔交易展开可回收性评估，合同签约金额大于客户信用额度时，收入确认需扣减预计未来无法从客户收回的部分，即：

第6章 华为重大风险管理实践

客户最大可确认收入金额=现款交易+信用额度+风险退出

风险退出指客户信用风险完全转嫁给第三方，其认定需同时满足：风险敞口可以减少（如预付款）、风险可以转嫁给第三方、风险退出金额可准确计量。

在实践中，华为先按合同金额正常确认收入，月底审视确认的收入是否超过信用额度和风险退出（如有），超额部分在合同层面扣减收入。

例如，某代表处签订赊销合同，金额约为90万美元，客户信用等级为D，授信额度为10万美元。一个月后，设备整单发货，客户验收通过，代表处根据合同金额确认收入。但到了付款日，由于客户没有付款，根据华为核算制度，需对超授信的80万美元的收入反冲。

延伸阅读

别让赊销欠款成了压垮企业的"最后一根稻草"

1. 某上市公司应收账款"爆雷"

2022年4月，某A股上市公司披露2021年年度报告，开篇就给投资者一个晴天霹雳，大致意思是：公司今年积极催收应收账款，但进展不大。基于谨慎性原则，也考虑了行业情况，要对以前年度业务或事项形成的应收账款进行风险评估，最后发现大额逾期成了坏账，所以要提拨备，进而导致了亏损。

接着再看数据，该公司2019年、2020年、2021年的收入分别约为7.22亿元、6.41亿元、6.75亿元；利润分别约为0.22亿元、0.26亿元、−4.4亿元。财报"大变脸"的直接原因是2021年该公司计提了约5.13亿元的坏账准备，如此大手笔计提后，其截至2021年年末的应收账款余额仍高达6.32亿元，占资产比例为22.33%，几乎与全年营业收入相当。

报告一出，公司股价应声大跌。公司认为，随着业务规模扩大，而且公司部分合同实施及结算周期较长，应收账款数额必然增加。同时，公司客户主要是能源、金融等行业的大中型用户，资金实力和信用较好，被给予一定的信用政策，致使公司整体应收账款数额较大。

未来，如果应收账款不能及时收回，将对公司财务状况产生不利影响，同时会降低公司资金周转速度与运营效率，从而限制公司经营活动的正常开展，影响经营业绩。

这样的解释，想必投资者是不能满意的。

2. 中小企业更易陷入赊销困境

该公司并没有披露应收账款分析的具体过程和产生坏账的原因，但可以想象该公司应收账款管理能力之薄弱。上市公司的赊销管理和坏账状况都如此不堪，中小企业可能连赊销管理的认知都还没有建立。

处于产业链相对弱势的中小企业，为了打开销路，在市场上找到立足之地，往往把赊销视为企业提高竞争力、抢占市场、增加销量的一种竞争手段。

然而，这是把双刃剑，如果管不好，就会把企业拖入深渊，特别是在疫情的影响下，大额应收账款难以收回，企业资金链非常容易断裂，应收账款就成了压垮企业的"最后一根稻草"。

3. 中小企业做好赊销管理的必备动作

企业管理水平的提升需要一定的过程，也需要相当资源的投入，短时间内，中小企业还无法构建体系化、信息化的信用风险管理机制，更没有足够的数据开发客户信用评级模型。

那么，中小企业如何做好赊销管理。

（1）看品行

赊销前，一定要对交易对手的主体资质、履约能力、资信情况等进行审查。重点关注交易对手是否有不良记录、违法行为或严重的产品质量问题；是否有影响交易安全或偿债能力的负面舆情、拖欠行为；是否由于诉讼、欠还贷款、欠缴税款等原因，其资产或账户被法院、银行或税务部门封存或冻结等。

通过了解交易对手的履约能力，设定赊销额度。简而言之，就是只给靠谱的客户适度的额度，决不能为了销量，没了底线。

（2）建流程

企业应梳理应收账款管理的全流程，从客户调查、授信审批、接受订单、合同签署、备货发货、定期对账、欠款追缴、识别风险点、制定应对措施、建立规则，明确责任主体，各个部门之间配合协调、统筹兼顾，增强企业相关人员应收账款管理意识。

（3）善催收

有些客户起初是有偿付能力的，但可能由于各种原因，导致出现大量负债，现金流紧张，甚至是停产、破产。因此，一定要密切关注客户的生产经营情况，尽早发现经营发生重大变化的征兆，及时结清货款或调整客户的赊销额度。

关于催收方法，一是要快，有机构统计，一般情况下，客户逾期的前两个月回款可能性接近80%；二是要定制化催收方案，根据客户意愿、配合程度、偿付能力等制定不同的催收方案。

- 不能全部清偿，但有部分还款能力的，先追回能偿还的部分，对不能偿还的给予一定的期限，也可视情况增加相应的担保措施，达成新的还款协议。
- 对完全没有现金清偿能力，但有资产，该客户又有其他负债的，应当及时启动诉讼程序，参与分配。
- 对于有清偿能力故意赖账的，立即收集并固定证据，启动诉讼程序。

6.6 业务连续性风险

6.6.1 华为对业务连续性风险的理解

华为认为，业务连续性风险是指因自然灾害、人为破坏、系统故障、供应链中断等事件，导致企业全部或部分业务无法正常开展的风险。其来源包括：

- 自然灾害。火灾、雷击、海啸、地震、台风、洪灾、疫情等。
- 人为破坏。网络攻击、误操作、恐怖袭击、罢工、战乱等。
- 系统故障。数据丢失、技术故障、电力中断等。
- 供应链中断。核心零部件断供、第三方无法提供服务等。

业务连续性管理能够使企业长期、稳定地实现战略目标，包括：基本业务流程的恢复，如业务恢复计划、工作区域恢复和建立员工应对能力；IT灾难恢复和服务连续性管理；供应商风险和应急管理；危机和紧急情况管理等。

作为提供信息通信、云计算、数据服务的企业，华为不仅为自身的生存而关注业务连续性，更需要考虑为客户提供稳定信息通信服务的连续性。

任正非曾说："我们从事的是为社会提供网络，这种覆盖全球的网络，要求任何时候必须稳定运行。我们的职业操守是维护网络的稳定，这是与其他行业不同的，豆腐店、油条店可以随时关掉，我们永远不能。"[1]

华为轮值董事长徐直军也提到："业务连续性是我们对客户服务的基本保障，也是华为生存的基本保障。在这个问题上，我们不能抱有任何侥幸心理。我们要敢于进行战略性投入，坚持开放创新，吸收外界的成果和力量，在关键技术、基础软件平台、关键芯片、关键器件等各个方面实施战略公关，实现供应安全，保障业务连续性。"[2]

将业务连续性管理上升到企业战略层面，不仅可以降低突发事件对业务造成的影响，有时还能转危为机。

6.6.2 华为业务连续性风险管理方法

1. 建立业务连续性管理体系

经过多年的持续建设，华为已在采购、制造、物流及全球技术服务等领域建立了从供应商到华为、从华为到客户的端到端业务连续性管理体系，并通过建立管理组织、流程和IT平台，制订业务连续性计划及突发事件应急预案，开展员工业务连续性培训及演练，提升各组织业务连续性意识和应对突发事件的能力，确保对日常业务风险的有效管理。

华为业务连续性管理体系总体要求是系统性、有政策、有措施、例行化，通过公司级项目组，在组织机制、指标、方法和节奏四个维度形成一套完整的体系

---

[1] 任正非. 关于珍爱生命与职业责任的讲话. 总裁办电邮文号[2011]009号.
[2] 徐直军. 在公司2013年度干部工作会议上的发言. 总裁办电邮文号[2013]244号.

并内化到日常管理中，如图6-12所示。

```
总体要求：系统性、有政策、有措施、例行化
公司级项目组：统一思想、统一政策、统一语言、统一方法
```

组织机制
- 组织
- 日常性机制保障
- 突发性触发/决策机制（风险评估、策略选择、关键业务连续性计划）

指标
- 业务影响分析
- 最大可容忍中断时间
- 最低运营水平要求
- 恢复优先级排序
- 恢复时间目标

方法
- 培训宣传
- 测试演练
- 测评与更新
- 对象化
- 业务场景化方案
- 流程、操作指导、模板
- 工具包

节奏
- 例行化工作
- 年初测试
- 每季度或半年评估
- 每年第四季度回顾

图6-12　华为业务连续性管理框架

为了固化和传承业务连续性管理的经验，华为形成了业务影响分析、业务恢复策略选择、突发事件应急预案编制、业务连续性方案编制、宣传与培训、演练与维护、风险评估、单点故障风险识别与评估、防台风暴雨应急预案、地震应急预案等一整套规范性文件。

华为在新的内外形势下，采用数字化的方式保障业务连续性，构建疫情下的新型作战体系和数字化平台，持续支撑业务。

除了在内部落实业务连续性管理的具体要求，华为还对全球超过4 000家涉及网络安全的供应商进行风险评估和跟踪管理；与超过5 000家涉及隐私保护的供应商签署了数据处理协议，并做了数据处理尽职调查；在全球开放6个网络安全与隐私保护透明中心，加强同利益相关方的交流；对全球200多起突发及重大事件进行网络保障。

2. 实施多元化供应战略

在当今社会分工高度国际化的背景下，华为的采购、制造、物流及全球技术服务等业务都不可避免地依赖与第三方厂商或专业机构的广泛合作。2020年5月15

华为风险管理

日和8月17日（均为美国当地时间），美国商务部先后发布公告，所有受美国《出口管制条例》管控的物项（包括硬件、软件、技术等）向被列入实体清单的华为相关实体出口、再出口或境内转移等，均须向美国商务部申请许可。

在美国的升级禁令中，任何使用美国软件或美国制造设备为华为生产产品的行为都是被禁止的，都需要获得许可证。

该事件对华为的发展带来重大影响，使华为无法购买高端芯片，用以生产高端手机、网络设备或其他电子产品。因为华为只是做了芯片的设计，还无法完全自主量产芯片，在美国的禁令下，包括台积电在内的芯片制造企业因为采用了美国技术，也无法再为华为生产高端芯片。据华为官网消息，2021年上半年，华为实现销售收入3 204亿元人民币，净利润率9.8%。其中，运营商业务收入为1 369亿元人民币，企业业务收入为429亿元人民币，消费者业务收入为1 357亿元人民币。消费者业务收入较2020年上半年降幅明显，达46%。

2021年4月，华为轮值董事长徐直军就讲到，华为对从实体清单中摘出来不抱任何幻想，已经做好长期在实体清单中的准备。

那么，华为做了哪些准备呢？

首先，华为一直坚定不移地拥抱全球化，继续实施多元化供应战略，不依赖任何单一国家或地区，用全球产业链的产品构建供应连续性。该事件并不限制华为按照合规要求为客户提供产品与服务，华为有信心、有能力与合作伙伴共同奋斗，奉行"合作共赢、共同发展"的合作理念，共创安全、可靠、有竞争力的健康产业链，确保华为产品满足客户持续可供应交付要求，持续为全球客户提供优质的产品解决方案与服务。

其次，华为从研发到采购都采取了确保共赢的关键举措。一是多元化方案，在新产品设计阶段，从原材料级、单板级、产品级支持多元供应方案，保障原材料供应多元化，避免独家供应或单一地区供应风险，确保产品持续可供应。二是分场景储备，在量产阶段，为满足客户需求与应对全球疫情、需求波动和供应行情等不确定性变化，建立从原材料、半成品到成品的合理安全库存。三是供需能力可视，与供应商深度协同，通过IT系统实现需求预测、采购订单、供应商库存的可视,确保需求的快速传递和供应能力的快速反应。四是制造供应能力备份,华为坚持自制与外包并重,与多家电子制造服务商建立了战略伙伴关系,形成华为和电子制造服务商、各电子制造服务商之间可相互备份单板制造供应能力;在全球建立了深圳供应中心、欧洲供应中心、拉美供应中心、迪拜供应中心,四个供应中心之间均可相互备份整机制造供应能力。五是全生命周期备件储备,在产品停产之前,按照市场需求与历史用量滚动进行备件储备;在产品停产之后,按全生命周期预测一次性做足备件储备,确保客户现网设备运行的连续性。

最后,面对美国持续的制裁压力,华为的供应链管理也迅速响应,从短、中、长期布局应对持续经营风险——短期提前备货关键元器件,库存周转由半年拉长至两年;中期要求台积电、日月光等供应商在中国大陆布局产线;长期加大研发力度,提高芯片自给率,大力发展鸿蒙系统生态,加强国产替代,寻求国内优质供应商。

在美国拥有高端芯片设计、制造领域绝对话语权的背景下,尽管华为的供应保障遭到了巨大的冲击,但正如徐直军所说:"我们明确了公司未来五年的战略目标,即通过为客户及伙伴创造价值,活下来,有质量地活下来。"

3. 夯实供应链管理基础

华为从1999年开始启动集成供应链(Integrated Supply Chain,ISC)管理变革,初衷是提高供应链的整体运作水平,应对业务爆发式的增长。事实上,如果供应问题解决了,业务连续性问题也解决了一大半。

与"集成产品开发"流程变革相比,"集成供应链"流程变革的挑战要大得多。这主要因为它变革的覆盖范围更广,既包括公司内部的销售、采购、制造、物流和客户服务等多个业务系统,还包括企业外部的客户和供应商。

在变革前,生产计划很难做准,工程变更和采购订单频繁变更,导致客户订单常常不能及时交付,采购也不能及时匹配,发错货的现象时有发生,产品质量也经常不合格。

为了改变这一现状,华为进行了全面、系统的分析和诊断,梳理出供应链上的78个管理问题,将其归为需求预测、采购、订单履行、交付期、生产、客户服务、IT系统、供应链评价标准、公司组织机构九大类。

基于对问题的清晰表述和分析，华为确定了供应链变革的三大目标：第一是建立以客户为中心的集成供应链，满足客户需求，提高客户服务水平；第二是建立成本最低的集成供应链；第三是提高供应链的灵活性和快速反应能力，缩短供应周期，提高供应链运作效率，形成华为的竞争优势。

历时四年，ISC变革项目实施完成，华为成功地整合了内部订单处理、采购、制造、物流、交付流程，供应链系统的效率得到了极大提升，华为的响应能力、灵活性、客户服务能力也得到了极大改善。

ISC流程有效支撑了华为产品的交付，为华为后来的发展迈出了重要一步，也为业务连续性管理奠定了良好基础。

4. 制定灾难事件应对举措

近十年来，在全球多起重大自然灾害发生后，华为仍然能够持续保障供应连续性和对客户产品与服务的及时交付，充分表明华为建立的业务连续性管理体系行之有效。

2011年，日本大地震时，华为并没有因为危险而撤退。为给抗震救灾打通信息之路，在危险还没有消除的情况下，华为员工毅然进入灾区，抢修被地震破坏的通信设施。时任华为董事长孙亚芳专程赶到东京，慰问坚守的华为员工。

经过这次地震事件，华为不断完善应急预案，并将员工生命健康放在首位，为确保员工安全建立起强有力的后勤保障。

2015年，尼泊尔发生8.1级地震后，华为尼泊尔代表处第一时间做出反应，带领华为尼泊尔80名工程师兵分两路，冒着余震不断的危险，在地震发生的20分钟内跑步到达尼泊尔移动运营商Ncell的中心机房，协同Ncell立刻开展通信保障工作。凭借丰富的危机保障经验和优良的设备性能，在华为总部、泰国和尼泊尔一线联合技术保障团队的配合下，华为尼泊尔代表处紧急协助客户疏导话务拥塞，抢修通信设备，最终保持了通信网络的基本通畅，让灾区的人们能够第一时间联系到亲人。

现任华为董事长梁华曾在接受记者采访时表示："在任何条件下，即使最极端的条件，华为都要竭尽全力保障网络的稳定运行，履行华为作为通信人的天职。这是道义上的责任，它远远超过商业上的责任。"

多年来，在印度尼西亚海啸，中国汶川地震、雅安地震，日本福岛核泄漏，智利大地震等重大危机时刻，华为的队伍迎难而上，始终坚持和客户一起坚守现场、快速响应、恢复通信，践行对客户、对社会的承诺。

延伸阅读

"三步法"应对突发事件，确保企业持续经营

2020年初，突如其来的新型冠状病毒肺炎疫情让很多企业措手不及。

疫情危机中，一些企业没能经受住考验而倒闭；一些企业虽然经受住了考验，但元气大伤，竞争与扩张能力下降；也有些企业行为变得过于谨慎，大幅缩减各项开支。

我们尽管无法控制突发事件是否发生，但好公司都会未雨绸缪，制定突发事件应急预案，以确保"黑天鹅"飞来时，不乱阵脚，从容应对。

应急预案首先要厘清突发事件的分类及产生原因，如表6-11所示。

表6-11 突发事件的分类及产生原因

类型	种类	产生原因
自然灾害	水旱灾害、气象灾害、地震灾害、地质灾害、海洋灾害、生物灾害和森林草原火灾等	由自然因素直接导致
事故灾难	工、矿、商、贸等企业的各项安全事故，交通运输事故，公共设施和设备事故，环境污染和生态破坏事件等	由人们无视规则的行为导致
公共卫生事件	传染病疫情、群体性不明原因疾病、食品安全和职业危害、动物疫情，以及其他严重影响公共健康和生命安全的事件等	由自然灾害和人为因素共同导致
社会安全事件	恐怖袭击事件、经济安全事件和涉外突发事件等	由一定的社会问题诱发

如何转危为机，我们总结了三步法，分为应急响应、业务恢复和重整提升，如图6-13所示。

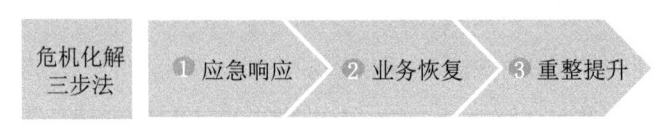

危机化解三步法　❶ 应急响应　❷ 业务恢复　❸ 重整提升

图6-13　危机化解三步法

1. 应急响应

（1）制定《应急事件管理办法》，明确：

- 突发事件的范畴，包括自然灾害、事故灾害、公共卫生事件、社会安全事件。
- 组织结构和工作职责，明确责任人、领导小组、各部门职责等。
- 监测和预警机制，以及信息报告制度。
- 应急处置和救援机制。

（2）建立突发事件报告机制，确保公司负责人第一时间掌握突发事件的真实状况。

（3）召开应急工作领导小组会议，评估事件对企业的直接影响，统一调配资源，确保快速响应和迅速决策。

（4）采取"救火救急"措施。以疫情为例，应做好人员排查和通报工作；立即启动防疫救灾物资采购；做好延期复工的应急安排等。

（5）设立发言人机制，统一对外信息口径，避免信息披露延误或不一致导致的负面舆情。

（6）建立内部沟通渠道，以类似《致员工信》的形式，传达公司已经采取积极、有效的应对措施，稳定人心，并对特殊时期的注意事项提出要求。

2. 业务恢复

（1）风险评估。编制《风险排查指南》，评估风险的重要性和紧急性，制订应对方案，并进行优先排序，整合公司资源，做到忙而不乱、协调推进。

（2）现金流预测和规划。对现金流进行预测，评估充分性，尽早安排融资方案，请求银行、股东的支持，积极催收应收账款，尽可能减少对外付款。

（3）客户沟通。如果存在交付延迟等违约责任，特别是针对不可抗力的相关条款，尽可能争取客户谅解。

（4）供应商沟通。评估突发事件对物资供应的影响，必要时启动备选渠道，评估违约责任，追踪在途物资状态。

（5）重启生产。努力解决生产所需的水、电、气，逐步恢复生产，减少突发事件的冲击。

（6）评估战略规划和经营计划。重新审视突发事件对内外部环境的影响，对经营计划和年度预算进行评估，以期更切合实际。

3. 重整提升

（1）业务方面。梳理业务流程，针对薄弱环节"补钙"，如原材料供应是否有替代方案、是否有最低安全库存管理、必备生产要素是否有双重保障、核心业务系统是否有异地灾备等。客观分析突发事件对市场需求的影响，找寻新机会，考虑企业的业务模式是否要做调整。对于难以决断是否变革的企业，突发事件之后，也是个较好的时间窗口。

（2）财务方面。梳理政策，抓住降费增效机会，对货币政策、税收政策、政府补贴进行全面分析，利用政策红利促进降费增效。完善资金管控体系，建立现金流预测机制，制定资金安全警戒线。复盘财务指标，了解经营状况。关注财务关键数据，发挥财务的预警作用。

（3）组织方面。加快新技术、新理念在公司经营管理中的应用。提升远程办公服务效率，发挥线上办公的及时性和便捷性。再评估企业组织架构，确认责任机制（是否相互推诿）、人员效率（人均效能/元均效能、是否缺岗或冗余）、工作开展形式（远程办公、家庭办公的可行性）。

（4）风险排查与应对。以下以疫情风险为例，如表6-12所示。

表6-12 疫情下风险排查与应对

风险分类	战略风险
政策： • 防疫政策 • 财政政策 • 货币政策 • 减免政策	（1）基于企业所在地区疫情风险等级，评估防控措施对复工的显隐性约束，对极端情况提前部署 （2）评估企业所处的财政政策圈层。积极财政政策致力于拉动投资、促进消费，评估企业是否能直接受益 （3）评估货币政策的双向影响。持续的全球性宽松货币政策趋势在缓解企业流动资金紧张的同时，也将导致价格指数上扬 （4）紧跟减税降费等政策红利，与财税各级政府保持信息交流和沟通，切实利用好减税降费红利
行业： • 外部环境 • 商业模式 • 需求 • 新机会 • 行业自律 • 政企关系 • 审查审批 • 发展规划 • 公司目标	（1）行业发展的外部环境是否产生实质性变化 （2）行业固有的商业模式是否产生变化，如线下转线上 （3）压制的需求是沉没型还是延迟型，是否能回补，回补的速度如何 （4）疫情是否带来新的机会 （5）与行业协会、自律组织保持信息沟通 （6）企业可能面临更为复杂的政企关系，除常态对接的市场、税务等部门外，还应做好与发改委、纪委、辖区街道、卫生防疫等部门的协调，避免因疫情防控的问题遭受处罚 （7）疫情防控是当前各级政府的头号任务，应评估审查审批放缓对企业经营的影响 （8）再次重申公司目标，全员宣贯，以期复工复产后，形成合力、开足马力，达成目标
风险分类	市场风险
需求端	由市场部门牵头，对需求端进行评估，包括： （1）评估疫情对公司前十大客户的影响，需求是否会减少 （2）评估疫情对存量订单的影响，尽早完成交付，降低不确定性的影响 （3）产品交付是否受运输影响 （4）评估产品价格是否能覆盖成本，测算合理价格区间。疫情期间，务必关注政策法规对物价的管控，尤其是防疫物资，避免遭受处罚，且引起负面舆情 （5）在乐观、中观、悲观三种情景下，对销售收入及回款进行测算
供给端	由采购部门牵头，对供给端进行评估，包括： （1）评估疫情对核心供应商的影响 （2）评估物流对原材料供给的影响，力争在途物资尽快运抵入库 （3）评估原材料的紧缺程度，判断供给是否延迟或中断，价格有无变化 （4）评估公司是否有替代的渠道或原材料 （5）在乐观、中观、悲观三种情景下，对原材料供给进行测算

续表

竞争情况	（1）评估主要竞争对手受疫情影响的程度，并推测其将采取的措施 （2）评估公司产品是否有替代品
国际业务	（1）密切关注疫情在全球的蔓延，评估当地政府的管控措施对进出口的影响 （2）评估针对国际贸易的风险应对手段，如是否采用套期保值、保险等风险转移工具
风险分类	财务风险
资金	（1）盘点现金、银行存款、票据、可变现资产，测算6个月内现金流。流入包括直销收款、赊销回款、预收账款、政府补贴等；流出包括采购支出、房租、工资、社保、利息等 （2）根据资金松紧度，落实开源节流措施。开源包括向下游要钱、政府补贴或减免、银行授信或已有授信尽快放款；节流包括在线办公、暂缓支付、暂缓投资 （3）向金融机构申请展期、减息或延期支付 （4）关注存货周转率、应收账款周转率的变化
担保	评估担保对象受疫情影响的程度，判断其是否仍具备偿债能力，是否能与债权人商议展期
预算	评估年度预算调整的必要性，以有效指导公司经营管理
财务报告	评估财务报告编制、审计、披露的时间计划，是否因为隔离、复工复产限制等因素而不能如期披露报告
风险分类	业务风险
人力	（1）第一时间联系员工，尤其身在高风险地区的员工，了解受疫情影响情况 （2）评估隔离措施、交通限制对复工的影响，记录每位员工可到岗日期 （3）基于疫情对公司生产经营的影响，评估岗位及人员编制的必要性，采取灵活的休假制度及上班制度
安全评估	（1）评估生产和工作环境是否符合卫生管理要求，确保工作环境安全 （2）制定员工自我防护指引，增强员工安全和防范风险意识
信息系统	（1）评估重要系统和数据是否有灾备，并进行应急演练 （2）评估信息系统是否能支撑远程办公，建立全天候远程/现场的值守制度，确保对机房、网络、系统、应用程序运行状况和资源使用情况进行实时监测 （3）对于疫情期间收集的员工及家属个人信息，评估安全保护机制，严格控制此类数据的访问、传输和使用
生产	（1）评估销售受阻带来的库存消化周期延长程度 （2）评估库存物资能维持生产经营的天数 （3）评估复工所需的各项物资和生产要素的供给情况

续表

业务外包	（1）评估外包单位受疫情影响的情况，判断其是否有能力在疫情期间持续提供外包服务 （2）为外包服务中断准备预案
在建项目	评估在建项目是否受疫情影响
业务持续性	评估核心职能是否因"疫区"或整体隔离受到影响，是否已安排备份或替代方案，如异地办公区、多个国家或地区的原材料采购渠道等
风险分类	法律风险
合同	（1）对已签合同、制式合同中的不可抗力条款进行梳理，包括不可抗力的范畴、不可抗力对合同条款的责任豁免 （2）明确疫情期间必须履行的合同义务 （3）对于不能履行的合同，及时通知对方以减轻损失。故意隐瞒导致损失扩大，也将承担法律责任
诉讼	对诉讼案件进行评估，判断案件审理和执行是否因疫情受到影响

参考文献

[1] 田涛,吴春波. 下一个倒下的会不会是华为[M]. 北京:中信出版集团,2017.
[2] 何绍茂. 华为战略财务讲义[M]. 北京:中信出版集团,2020.
[3] 黄卫伟. 价值为纲:华为公司财经管理纲要[M]. 北京:中信出版社,2017.
[4] 董博欣. 企业资金管理[M]. 北京:电子工业出版社,2015.
[5] 邓斌. 华为成长之路[M]. 北京:人民邮电出版社,2020.
[6] 企业内部控制编审委员会. 企业内部控制配套指引解读与案例分析[M]. 上海:立信会计出版社,2010.